VEGANE LIEBLINGSKÜCHE

Köstliche Klassiker auf rein pflanzliche Art

SOPHIE MATHISZ

VEGANE
LIEBLINGSKÜCHE

Köstliche Klassiker auf rein pflanzliche Art

VORWORT

Meine vegane Lieblingsküche

Ein Ereignis aus meiner Kindheit ist mir besonders in Erinnerung geblieben: der erste Besuch in einem Supermarkt, damals, als ich gerade mit meinen Eltern nach Deutschland gekommen war. Ich war erst fünf Jahre alt und fasziniert von der schier unglaublichen Fülle an Produkten in den endlosen Regalreihen. Ich durfte mir damals eine Süßigkeit aussuchen, doch leider hatte ich kein gutes Händchen: Der Schokoriegel schmeckte entsetzlich!

Heute, mittlerweile längst gewöhnt an unser modernes westliches »Schlaraffenland« mit seiner unglaublichen Produktvielfalt, lebe ich seit sieben Jahren vegan und mir kommt immer wieder dieses Kindheitserlebnis in den Sinn. Und ich erkenne eine Parallele: Ähnlich wie damals eröffnete sich mir mit dem Entschluss, vegan zu leben, eine ganz neue, spannende Welt mit noch unbekannten Genüssen. Als Kind ahnte ich, dass es so viel Leckeres zu entdecken gibt, und viele Jahre später, als Neu-Veganerin mit Spaß am Kochen, empfand ich die gleiche gespannte Vorfreude, die mich bis heute begleitet. Denn ich hatte damals schnell gelernt: Ein Missgriff, oder heute eben ein nicht so ganz gelungenes Gericht, das gehört dazu – und ist ein Ansporn, weiter zu probieren. Aufgeben? Kommt nicht in Frage!

Veganes Kochen und Backen bietet die Möglichkeit, viele neue, bislang unbekannte Köstlichkeiten kennenzulernen. Doch ich finde, auch die vertrauten Leibgerichte dürfen auf dem Tisch nicht fehlen, denn vegan zu leben, bedeutet Genuss – und nicht Verzicht! Und mit dem uns heute zur Verfügung stehenden riesigen Angebot rein pflanzlicher Lebensmittel ist es auch kein Problem, diese »Lieblingsküche« weiter zu genießen. Vegane Küche ist also in jeder Hinsicht eine Win-win-Situation, denn sie bereichert und erweitert unseren Speiseplan.

Ganz wichtig ist mir an diesem Buch die Idee der »Leibspeise«: Essen bedeutet Geselligkeit, Genuss und auch Erinnerungen. Unsere Leibspeisen verdanken wir zu einem Großteil unserer familiären Prägung, unseren Lieben und den Geschichten hinter der Speise, wir verbinden prägende Erlebnisse und schöne Erinnerungen mit dem, was wir gerne essen. Und so, wie im Laufe der Jahre immer wieder neue nette Menschen in unser Leben treten, kommen mit der Zeit auch immer mehr liebste Speisen hinzu, solche mit dem gewissen »Das will ich immer wieder genießen«-Potenzial.
Für dieses Buch habe ich sie »veganisiert« und aufgeschrieben. Meine Hitliste solcher Gerichte ist übrigens bei weitem noch nicht abgearbeitet ...

Dieses Buch ist also eine Herzensangelegenheit und entstand aus dem Wunsch heraus, das überzeugendste Argument für eine vegane Lebensweise immer griffbereit zu haben: eine bunte Vielfalt an schön bebilderten Rezepten, ein überzeugendes Argument gegen das Vorurteil, vegan zu leben bedeute Verzicht. Verwirklicht habe ich dieses Kochbuch in Kooperation mit alles-vegetarisch.de – uns verbindet eine langjährige Freundschaft sowie das gemeinsame Ziel, noch mehr Menschen die köstlichen Möglichkeiten der rein pflanzlichen Küche näherzubringen. In diesem Sinne wünsche ich allen viel Freude an den Rezepten meiner veganen Lieblingsküche!

Sophie Mathisz

VORWORT

INHALT

VORWORT 4
KLEINE WARENKUNDE 144
REZEPTEVERZEICHNIS 152
IMPRESSUM 160

VORSPEISEN, SALATE & DIPS 8
SUPPEN & EINTÖPFE 42
HAUPTGERICHTE 76
DESSERTS & KUCHEN 110

VORSPEISEN, SALATE & DIPS

OB ALS STARTER FÜR EIN GÄNGEMENÜ, ALS BESTANDTEIL EINES PARTY-BUFFETS ODER ALS LECKERES AUF'S BROT – DIESE »KLEINIGKEITEN« KOMMEN GANZ GROSS RAUS! BUNTE VORSPEISEN-IDEEN AUS DER LIEBLINGSKÜCHE ZEIGEN DIE VIELFALT DER REIN PFLANZLICHEN MÖGLICHKEITEN UND MACHEN APPETIT AUF MEHR.

★★★ ⚖ VORBEREITUNG: 2½ STD.   BACKZEIT: 35 MIN.   PORTION: 5-6 PERSONEN ★★★

GEWÜRZ-POGATSCHEN

Ein raffiniertes Kartoffelgebäck

TEIG
500 g Weizenmehl
125 g veganer Sauerrahm
1 Würfel Frischhefe
1 EL Zucker
200 ml Sojamilch
2 EL Salz
200 g Pflanzenmargarine, z. B. Alsan
6 Kartoffeln, mittelgroß
1–2 EL Margarine
Sojasahne, ungesüßt
1 Prise Paprikapulver

TOPPING
Kümmel
Sesam
Chili, getrocknet und gemahlen
grobes Salz

❶ Kartoffeln mit Schale in Salzwasser gar kochen. Mit kaltem Wasser kurz abschrecken, Schale abziehen und durch die Kartoffelpresse drücken. ½ EL Salz und 1–2 EL Margarine zugeben und zu einer geschmeidigen Kartoffelmasse pürieren.

❷ Hefewürfel grob in einen kleinen Topf zerbröseln. ½ TL Zucker und 2 TL zimmerwarme Sojamilch zugeben und glatt rühren, mit einem sauberen Geschirrtuch abgedeckt an einem warmen Ort 30 Min. gehen lassen.

❸ Mehl in eine große Rührschüssel geben und 1½ EL Salz gut untermischen. Hochgegangene Hefe, lauwarme Sojamilch und veganen Sauerrahm zugeben und mit dem Handrührgerät kneten, bis ein seidiger, gleichmäßiger Teig entsteht. Teig in der Rührschüssel mit einem Tuch bedeckt an einem warmen Platz erneut 30 Min. ruhen lassen.

❹ Den Hefeteig nochmals gründlich mit den Knethaken durchkneten und schließlich auf einer bemehlten Arbeitsfläche zu einem Rechteck in Backblechgröße auswalken. Darauf die abgekühlte Kartoffelmasse verteilen und den Teig anschließend in der Mitte umschlagen. Mit einem trockenen Tuch abdecken und 20 Min. ruhen lassen.

❺ Nach der Ruhezeit die Teigoberfläche mit etwas Mehl bestreuen und erneut mit dem Nudelholz auf doppelte Größe auswalken, wieder umschlagen und erneut unter einem Tuch 20 Min. ruhen lassen. Diesen Vorgang noch weitere zwei Mal nach jeweils 20 Min. Wartezeit wiederholen. Schließlich den Hefe-Kartoffelteig 1½ cm dick auf einer gründlich bemehlten Arbeitsfläche auswalken, die Oberfläche mit Mehl bestäuben und mit einem Glas von ca. 5–6 cm Durchmesser runde Teilchen ausstechen. Diese mit ein wenig Abstand zueinander auf ein mit Backpapier ausgelegtes Blech legen und die Oberflächen mit etwas Sahne (gemischt mit einer Prise Paprikapulver) bepinseln und nach Geschmack mit grobem Salz oder Gewürzen bestreuen.

❻ Die Teigreste erneut zusammenkneten, auswalken und weitere Teilchen daraus ausstechen oder kleine Stangen formen. Pogatschen im vorgeheizten Backofen bei 180 °C goldbraun backen und vor dem Servieren abkühlen lassen.

Übriger Pogatschenteig kann ausgerollt und wie Pizza belegt im Ofen gebacken werden – ein Traum!

TIPP!

⏱ VORBEREITUNG: 1½–2 STD.   ZUBEREITUNG: 60 MIN.   PORTION: 7–8 LITER

ZAKUSZKA

Mein liebster Gemüseaufstrich

ZAKUSZKA

2 kg gelbe Spitzpaprika
2 kg rote Paprika
1 kg Zwiebeln, weiß
4 kg Auberginen
1½ l Sonnenblumenöl
1 l passierte Tomaten
15 Lorbeerblätter, mittelgroß

AUSSERDEM

Einweckgläser

❶ Spitzpaprika waschen und im Ganzen auf ein mit Backpapier ausgelegtes Backblech legen. Bei 200 °C auf Grillstufe ca. 30–40 Min. backen. Sofort nach dem Backen gründlich mit Salz bestreuen, dann löst sich die Schale leicht vom Fruchtfleisch.
Gegrillte Paprika sorgfältig schälen und Kerngehäuse entfernen. Fruchtfleisch fein hacken und beiseitestellen.

❷ Rote Paprika gründlich waschen und Kerngehäuse herausschneiden. Fruchtfleisch in feine Würfel schneiden und im Küchenmixer fein pürieren.

❸ Zwiebeln schälen und fein würfeln.
½ Liter Sonnenblumenöl in einem sehr großen Topf erhitzen und Zwiebeln darin 10 Min. langsam bei kleiner Hitze glasig dünsten. Pürierte rote Paprika untermischen und weitere 10 Min. zusammen dünsten. Vom Herd nehmen und beiseitestellen.

❹ Auberginen im Ganzen auf ein mit Backpapier belegtes Blech legen und im vorgeheizten Backofen bei 200 °C auf Grillstufe backen. Je nach Größe dauert dies 30–45 Min., die Auberginen zwischendurch nach etwa der Hälfte der Backzeit wenden. Durch Antippen gegen Ende der Backzeit prüfen, ob das Fruchtfleisch schon weich ist.

❺ Gegrillte Auberginen kurz abkühlen lassen, aber noch warm schälen. Fruchtfleisch mit einem Messer aus Holz oder Kunststoff (oder z. B. mit der scharfen Karte eines Holz-Pfannenwenders) sehr fein hacken.

❻ Anschließend Auberginen und Spitzpaprika zu den gedünsteten Zwiebeln und der roten Paprika in den Topf geben, Lorbeerblätter und 1 EL Salz untermischen. Nun die passierten Tomaten hinzugeben und das Ganze mit 1 l Sonnenblumenöl aufgießen.
Alles gründlich mischen und bei mittlerer Hitze unter regelmäßigem Umrühren 60 Min. köcheln lassen.
Die Masse ist fertig, wenn sie eine fein-cremige Konsistenz hat.

❼ Inzwischen Einweckgläser heiß auswaschen, trocknen lassen und bereitstellen. Fertigen Gemüse-Zakuszka sofort nach dem Kochen heiß bis oben hin in die Gläser füllen und luftdicht verschließen. Bei Zimmertemperatur langsam abkühlen lassen und kühl aufbewahren.
So eingemacht hält sich das Zakuszka einige Wochen.

Zakuszka schmeckt traditionell als Aufstrich mit frisch gehackten Kräutern auf frischem Brot ebenso gut wie als pikante Sauce zu Nudeln.

★★★   VORBEREITUNG: 35 MIN.   ZUBEREITUNG: 2 x 20 MIN.   PORTION: 4 PERSONEN   ★★★

KNOBLAUCH-LANGOS

mit Grillzwiebel-Salat

LANGOS

1 Würfel Frischhefe
½ TL Zucker
3 TL Sojamilch
500 g Weizenmehl
½ TL Salz
400 ml Wasser
Sonnenblumenöl
Knoblauchzehe
grobes Salz

GRILLZWIEBEL-SALAT

500 g rote Zwiebeln
2 EL Olivenöl
1 TL Gemüsebrühepulver
1 Schalotte, fein gewürfelt
1 TL Senf
1 TL Salz
Bund Rosmarin, gehackt
3 EL Orangen-Balsamico
125 ml Walnussöl

❶ Hefewürfel in eine hohen Tasse zerbröseln und mit Zucker und Sojamilch glatt rühren. Mit einem trockenen Tuch abgedeckt an einem warmen Platz gehen lassen.

❷ Mehl in eine Rührschüssel geben, Salz untermischen. Hochgegangene Hefe zugeben sowie ein etwa Drittel vom Wasser und mit dem Handrührgerät kneten. Das restliche Wasser unterm Rühren nach und nach zugeben, bis ein homogener, glatter und nicht zu fester Teig entsteht. Rührschüssel mit einem Tuch abgedeckt min. 30 Min. an einem warmen Platz gehen lassen.

❸ ½ l Sonnenblumenöl in einer hohen Pfanne erhitzen. Jeweils etwa eine Handvoll vom Hefeteig nehmen und mit eingemehlten Fingern zu großen, hauchdünnen Fladen ziehen. Sofort vorsichtig in das heiße Öl legen und von beiden Seiten goldbraun frittieren. Langos nach dem Entnehmen aus der Pfanne kurz zum Abtropfen auf Küchenpapier legen. Oberfläche mit einer halbierten Knoblauchzehe abreiben und salzen.

❹ Für den Grillzwiebel-Salat rote Zwiebeln schälen und halbieren, die Zwiebelhälften in breite Spalten schneiden. Olivenöl mit Gemüsebrühepulver verrühren und die Spalten gründlich darin schwenken, anschließend die Stücke auf ein Gitterrost im Ofen platzieren (darunter ein Backblech) und ca. 15–20 Min. bei 180 °C im vorgeheizten Backofen auf Grillstufe backen.

❺ Schalotten-Würfel, Senf, Salz, gehackten Rosmarin sowie Essig und Walnussöl in eine Schale geben und mit dem Pürierstab ca. 1 Min. mixen. Die ofenwarmen gegrillten Zwiebeln mit der Marinade übergießen und mit den frisch gebackene Langos servieren.

TIPP!

Frisch gebackene Langos schmecken auch sehr gut mit veganem Sauerrahm und Pfeffer & Salz!

★★★ ⚖ VORBEREITUNG: 1½ STD. 🔥 BACKZEIT: 30 MIN. 🍽 PORTION: 4 PERSONEN ★★★

FRÜHLINGSHÖRNCHEN

...schmecken auch im Sommer!

TEIG
30 g Frischhefe
1 TL Zucker
70 ml Sojamilch
350 g Weizenmehl
70 g Soja-Joghurt
1 EL Ei-Ersatz-Pulver
Salz
70 ml Sonnenblumenöl

FÜLLUNG
100 g Pflanzenmargarine, z. B. Alsan
60 g Frühlingszwiebeln
1 TL Salz

AUSSERDEM
3–4 EL Sojasahne, dickflüssig
½ TL Paprikapulver, edelsüß
Sesamsamen

optional: vegane Mini-Wiener

❶ Frischhefe in einen kleinen Topf zerbröseln, mit 1 TL Zucker und 2–3 EL von der Sojamilch glatt rühren. Weitere 40 ml der Sojamilch gleichmäßig unterrühren und den Topf mit einem trockenen Tuch bedeckt an einem warmen Platz 15 Min. gehen lassen.

❷ Mehl in eine Rührschüssel geben. Ei-Ersatz-Pulver mit 2–3 EL Wasser glatt rühren. Ei-Ersatz-Pulver, eine Prise Salz, Soja-Joghurt, hochgegangene Hefe, Pflanzenöl sowie restliche Sojamilch hinzufügen und mit dem Handrührgerät grob zusammenkneten. Auf einer bemehlten Arbeitsfläche mit den Händen gründlich weiterkneten, bis ein geschmeidiger Hefeteig entsteht. Teig schließlich zu einer Kugel formen, in vier gleich große Teile schneiden, diese wiederum sorgfältig kugeln. Teigbällchen mit einem trockenem Küchentuch abgedeckt 60 Min. an einem warmen Platz gehen lassen.

❸ Frühlingszwiebeln in feine Ringe schneiden. Die weiche Margarine mit Salz cremig rühren und Zwiebelringe gleichmäßig untermischen.

❹ Jedes Hefeteigbällchen auf einer bemehlten Arbeitsfläche dünn rund auf ca. 25 cm Durchmesser ausrollen. Die weiche Zwiebelcreme auf jeweils zwei der ausgerollten Hefeteigteller verteilen und gleichmäßig auf der ganzen Fläche verstreichen, anschließend jeweils mit einer unbestrichenen Teigplatte passgenau bedecken. Mit dem Nudelholz etwas nacharbeiten und andrücken, so dass die Teigplatten mit der Füllung dazwischen gut zusammenhalten. Beide Teigteller mit einem scharfen Messer kuchenartig in 12 gleich große Teile schneiden und die entstandenen dreieckigen Stücke von der breiten Seite her aufrollen, wahlweise mit einem veganen Mini-Würstchen belegt.

❺ Hörnchen auf einem mit Backpapier ausgelegtes Blech nebeneinander platzieren. Sojasahne mit Paprikapulver glatt rühren und die Oberfläche der Hörnchen mit der Sahne-Mischung bepinseln, darauf Sesamsamen streuen. Frühlingshörnchen im vorgeheizten Backofen bei 180 °C ca. 25–30 Min. goldbraun backen.

★★★   VORBEREITUNG: 30 MIN.   ZIEHZEIT: 2–3 STD.   PORTION: 4 PERSONEN   ★★★

SCHICHTSALAT

mit nussig-fruchtigem Dressing

SCHICHTSALAT

- 100 g Walnüsse
- 2 EL brauner Zucker
- Orangenaft, frisch gepresst
- 1 große Karotte
- Walnussöl
- Salz
- schwarzer Pfeffer, frisch gemahlen
- ½ Eisbergsalat
- 1 rote Paprika
- 3–4 Frühlingszwiebeln
- 200 g Mais (Dose)
- 150 g veganer Schinken
- 150 g veganer Käse
- 200 g veganer Sauerrahm
- 80 g Soja-Joghurt
- Schnittlauch, frisch gehackt

❶ Walnüsse grob hacken. Braunen Zucker mit 1 EL vom Orangensaft in einer Pfanne karamellisieren, die Nüsse kurz darin anrösten und sofort auf Butterbrotpapier oder Backpapier verstreichen. Karamellisierte Nüsse nach dem Abkühlen nochmals grob zerhacken.

❷ Karotte schälen und raspeln, mit einem Dressing aus 2 EL Walnussöl, einem EL Orangensaft, Salz und Pfeffer mischen und kurz ziehen lassen.

❸ Eisbergsalat und rote Paprika in feine Streifen schneiden. Frühlingszwiebeln in feine Ringe schneiden. Veganen Käse sowie veganen Schinken in feine Streifen schneiden.

❹ Veganen Sauerrahm mit dem Soja-Joghurt, der Hälfte vom Orangensaft und 1–2 EL Walnussöl in einer Schale glatt rühren.

❺ Salatzutaten in Gläsern oder Salatschüsseln aufeinanderschichten: Mais, Paprikastreifen, Schinkenstücke, Eisbergsalatstreifen, darauf eine dünne Schicht vom Sauerrahm-Dressing verteilen. Anschließend Karottensalat schichten und einige karamellisierte Wallnüsse darauf streuen. Dann Eisbergsalat, Käsestreifen und Frühlingszwiebeln aufschichten. Großzügig das restliche Sauerrahm-Dressing obenauf verteilen und mit restlichen Walnüssen und frisch gehacktem Schnittlauch garnieren.

Der Schichtsalat schmeckt am besten, wenn man ihn einige Stunden ziehen lässt. Vor dem Servieren den restlichen Orangensaft über den Salat träufeln.

TIPP! Auch Äpfel machen sich gut im Schichtsalat – einfach fein würfeln, mit etwas Zitronensaft beträufeln und mitschichten!

★★★   VORBEREITUNG: 1¼ STD.   BACKZEIT: 25-30 MIN.   PORTION: 5 PERSONEN   ★★★

SPINAT-PIZZETTI

Perfekt für die Party!

PIZZATEIG

½ Würfel Frischhefe
1 TL Zucker
2 EL Sojamilch natur
500 g Weizenmehl
1 TL Salz
300 ml Wasser
1 EL Olivenöl

FÜLLUNG

140 g veganer Frischkäse
125 g Soja-Joghurt
500 g Spinat, frisch gehackt
1 gelbe Paprika, fein gewürfelt
Salz
schwarzer Pfeffer, frisch gemahlen
3–4 EL Sojasahne, ungesüßt
¼ TL Paprikapulver, edelsüß

AUSSERDEM

veganer Parmesan

❶ Frischhefe in eine kleine Tasse zerbröseln und mit Zucker und lauwarmer Sojamilch glatt rühren.

❷ Mehl in eine große Rührschüssel geben, Salz gut untermischen. Mit der Faust eine Mulde in das Mehl drücken und die angerührte Hefe in die Vertiefung gießen. Die Hefe mit etwas Mehl bestreuen und die Rührschüssel mit einem Küchentuch bedeckt 20 Min. an einem warmen Platz gehen lassen.

❸ Nach der Wartezeit Mehl und Hefe mit den Knethaken des Handrührgeräts grob mischen. Lauwarmes Wasser während des Knetens nach und nach hinzufügen. Schließlich Öl dazugeben und auf hoher Stufe 5 Min. lang kneten, bis ein glatter Teig entstanden ist. Hefeteig mit den Händen zu einer Kugel kneten und nochmals 30 Min. an einem warmen Platz in der abgedeckten Rührschüssel ruhen lassen.

❹ Veganen Frischkäse mit dem Soja-Joghurt glatt rühren.

❺ Spinatblätter gründlich waschen und mit dem Messer fein hacken. Paprika waschen, vom Kerngehäuse befreien und in feine Würfel schneiden.
Spinat und Paprikawürfel unter die Frischkäse-Joghurt-Masse mischen, mit Salz und Pfeffer abschmecken.

❻ Pizzateig auf einer bemehlten Arbeitsfläche rechteckig auf Backblechgröße auswalken und die Gemüse-Frischkäse-Masse gleichmäßig auf der Oberfläche verstreichen. Den Teig mit der Füllung von der kurzen Seite her zu einem Strudel aufrollen und ca. 3 cm breite Scheiben von der Rolle abschneiden. Die gefüllten Spinat-Pizzetti auf ein mit Backpapier ausgelegtes Backblech legen und im vorgeheizten Backofen bei 180 °C für 10 Min. backen.

❼ Inzwischen Sojasahne mit Paprikapulver glatt rühren. Nach dem Backen die Oberfläche der Spinat-Pizzetti mit der würzigen Sahne bepinseln und weitere 10–15 Min. im Ofen goldbraun backen.

Spinat-Pizzetti warm, mit veganem Parmesan bestreut servieren.

★★★ ⚖ VORBEREITUNG: 20 MIN. ❄ ZIEHZEIT: 4–6 STD. 🍽 PORTION: 4 PERSONEN ★★★

VITELLO TONNATO
Ein italienischer Klassiker

250 g veganer Kochschinken

MARINADE
300 ml Gemüsebrühe
1 EL Olivenöl
2 EL Balsamico Bianco
2 Lorbeerblätter
einige Schwarze Pfefferkörner
5 Zitronenscheiben (mit Schale)

TONNATO
150 g Veggie-Tuna
2 EL Kapern
2 EL Balsamico Bianco
Saft von ½ Zitrone, frisch gepresst
1 TL Senf, mittelscharf
Salz
Pfeffer, frisch gemahlen
110 ml Marinade (siehe oben)
60 g vegane Mayonnaise

AUSSERDEM
Kapernäpfel zur Dekoration

❶ Veganen Kochschinken in hauchdünne Filets schneiden (mit Hilfe einer Brotschneidemaschine gelingt dies am besten).

❷ Für die Marinade warme Gemüsebrühe mit Olivenöl und Balsamico in einer Schale mischen, Lorbeerblätter, Pfefferkörner und Zitronenscheiben zugeben und die Kochschinkenfilets darin einlegen. Einige Stunden, am besten jedoch über Nacht im Kühlschrank ziehen lassen.

❸ Für die Tonnato-Creme veganen Thunfisch mit einer Gabel zerkleinern. Kapern, Essig, Zitronensaft, vegane Mayonnaise sowie Senf hinzufügen und mit dem Pürierstab zu einem Brei mixen. Mit 110 ml von der Kochschinken-Marinade aufgießen und nochmals einige Minuten fein pürieren. Mit Salz und frisch gemahlenem Pfeffer abschmecken.

❹ Marinierte Kochschinken-Filets auf dem Teller anrichten und mit der Tonnato-Creme übergießen.

Mit Kapernäpfeln dekoriert servieren.

TIPP!
Die Tonnato-Creme schmeckt auch köstlich als Brotbelag auf Sandwiches – z.B. mit Salatgurke und Radieschen belegt ein Genuß!

★★★ VORBEREITUNG: 25 MIN. ZUBEREITUNG: 1 STD. PORTION: 4-5 PERSONEN ★★★

KNOBLAUCH-PILZE MIT AJVAR

und Knuspergemüs-Fritten

KNOBLAUCHPILZE

250 g Champignons oder Egerlinge
2 Knoblauchzehen
5 EL Olivenöl
½ Bund Petersilie, frisch gehackt
½ Zitrone, Saft frisch gepresst
Salz
schwarzer Pfeffer, frisch gemahlen

GEMÜSE-FRITTEN

2 Karotten, mittelgroß
2 Pastinaken, mittelgroß
1 EL Weizenmehl
Salz
Pflanzenöl

AJVAR

4 rote Spitzpaprika
2 rote Zwiebeln, mittelgroß
2 Knoblauchzehen
½ Zitrone, Saft frisch gepresst
50 ml Olivenöl
Salz
schwarzer Pfeffer, frisch gemahlen

❶ Für den Ajvar Paprikaschoten gründlich waschen und im vorgeheizten Backofen ca. 30 Min. bei 180 °C auf Grillstufe backen. Nach der Hälfte der Backzeit Paprikaschoten wenden. Die Schoten sind fertig zur Weiterverarbeitung, wenn sie in sich zusammenfallen und sich die Schale leicht bräunlich färbt.
Schoten sofort nach dem Backen einsalzen, so löst sich die Haut leichter. Fruchtfleisch in grobe Stücke schneiden und im Küchenmixer fein pürieren.

❷ Zwiebeln und Knoblauchzehen schälen und sehr fein hacken, unter die pürierte Paprika mischen.
Mit Salz, frisch gemahlenem Pfeffer sowie Zitronensaft abschmecken und mit Olivenöl cremig rühren.

❸ Für die Knoblauchpilze Champignons bzw. Egerlinge mit einem Pinsel von Schmutz befreien. Knoblauchzehen fein hacken und in Olivenöl anschwitzen. Pilze zum Knoblauch in die Pfanne geben und auf hoher Stufe unter gelegentlichem Rühren anbraten. Sobald die Pilze das Öl vollständig aufgenommen haben, die Hitze reduzieren und weiter braten, bis die Pilze Flüssigkeit verlieren. Dann erneut Hitze erhöhen und die Pilze goldbraun braten.

❹ Gebratene Pilzköpfe nach Geschmack mit Salz und frisch gemahlenem Pfeffer würzen, mit Zitronensaft abschmecken.

❺ Knoblauchpilze vom Herd nehmen, frisch gehackte Petersilie zu den Pilzen in die Pfanne geben und gründlich darin schwenken.

❻ Karotten und Pastinaken schälen und der Länge nach halbieren, die Stücke fein stifteln. Gemüsestifte in einem Teller mit Mehl wenden und in ein Küchensieb geben, durch Schwenken überschüssiges Mehl abschütteln.

❼ Pflanzenöl in einer hohen Pfanne erhitzen. Bemehlte Karotten- und Pastinakenstifte im heißen Fett knusprig frittieren, mit einer Kelle herausnehmen und auf Küchenpapier abtropfen lassen und salzen.

Heiße Knusper-Fritten mit Knoblauchpilzen und Ajvar-Dip servieren.

★★★ VORBEREITUNG: 20 MIN.   BACKZEIT: 30–40 MIN.   PORTION: 4 PERSONEN ★★★

SALATA DE VINETE

Rauchig-pikanter Auberginen-Aufstrich

AUBERGINEN-STREICH

2 Auberginen, mittelgroß
1 TL Salz
125–150 ml Sonnenblumenöl
½ Zwiebel, mittelgroß
schwarzer Pfeffer, frisch gemahlen

MAYONNAISE

250–300 ml Sonnenblumenöl
200 ml Sojamilch natur
1 TL Senf
Salz
Saft einer ½ Zitrone

❶ Auberginen waschen und im Ganzen auf ein mit Backpapier belegtes Backblech legen. Im vorgeheizten Backofen bei 250 °C auf Grillstufe ca. 30 Min. weich grillen. Nach der Hälfte der Backzeit wenden.

❷ Gegrillte Auberginen außen leicht einsalzen und die Schale abziehen. Fruchtfleisch mit einem Messer aus Holz oder Kunststoff (z. B. mit der scharfen Kante eines Holz-Pfannenwenders) sehr fein hacken und in eine Schale geben.

❸ Zwiebel schälen und mit einer Gurkenreibe sehr fein raspeln.

❹ Geraspelte Zwiebel sowie einen Teelöffel Salz unter die Auberginen mischen. Unter ständigem schnellen Rühren mit einem Kochlöffel Pflanzenöl langsam schluckweise zugießen, bis die Masse cremig und glänzend ist. Auberginen-Streich mit frisch gemahlenem Pfeffer abschmecken und kalt stellen.

❺ Für die Mayonnaise Sojamilch, und Zitronensaft in eine hohe Rührschüssel geben und mit dem Stabmixer einige Sekunden mixen. Salz und Senf hinzufügen und erneut verquirlen.
Schließlich unter ständigem Rühren mit dem Mixer Pflanzenöl langsam in einem dünnen Strahl zufließen lassen, bis eine feste Mayonnaise-Konsistenz erreicht ist.

❻ 3–4 EL von der Mayonnaise gleichmäßig unter den Auberginen-Aufstrich heben und kalt auf ofenfrischem Brot servieren.

> **TIPP!** Wenn's mal schneller gehen muß – vegane Mayonnaise gibt es auch fertig zu kaufen: in gutsortierten Bioläden fragen oder online bestellen!

★★★ VORBEREITUNG: 3-6 STD.　ZUBEREITUNG: 30 MIN.　PORTION: 5 PERSONEN ★★★

SPARGEL IM BROTMANTEL
mit feiner Petersilien-Vinaigrette

BROTTEIG
550 ml Wasser, eiskalt (4 °C)
750 g Mehl
2¼ TL Salz
8 g Frischhefe

1 Handvoll getrocknete Tomaten
1 Handvoll Bärlauch, frisch

SPARGEL
8–10 Stangen weißer Spargel
8–10 Stangen grüner Spargel
1 Knoblauchzehe
Olivenöl
schwarzer Pfeffer, frisch gemahlen
Chili, getrocknet und grob gemahlen

VINAIGRETTE
1 Scheibe Vollkorntoast
1 Bund Petersilie, frisch
2 TL Kapern
120 ml Walnussöl
1 TL Zitronensaft
Chili, getrocknet und frisch gemahlen
Salz
schwarzer Pfeffer, frisch gemahlen

❶ Wasser für den Brotteig im Tiefkühlfach auf ca. 4 °C abkühlen. Mehl, Salz, Hefe und eiskaltes Wasser mit den Knethaken des Handrührgeräts in einer Rührschüssel einige Min. zu einem glatten, gleichmäßigen Teig verkneten.

❷ Getrocknete Tomaten fein schneiden. Bärlauch fein hacken. Den Brotteig in zwei Hälften teilen und eine Teighälfte mit den getrockneten Tomatenstücken, die andere mit dem gehackten Bärlauch nochmals durchkneten, bis die Zutaten gleichmäßig unter den Brotteig gearbeitet sind. Beide Teigkugeln gründlich mit Olivenöl bepinseln und mindestens 3 Stunden, besser über Nacht im Kühlschrank langsam gehen lassen.

❸ Brotteige aus dem Kühlschrank nehmen und eine weitere Stunde bei Raumtemperatur abgedeckt ruhen lassen.

❹ Inzwischen den weißen Spargel gründlich schälen, untere Drittel vom grünen Spargel schälen. Knoblauch in feine Scheiben schneiden.

❺ Etwas Öl in einer Pfanne erhitzen und darin die Spargelstangen mit dem Knoblauch bei mittlerer Hitze 5 Min. andünsten. Mit frisch gemahlenem Pfeffer und Chili würzen und vom Herd nehmen. Zum Abkühlen beiseitestellen.

❻ Für die Vinaigrette Toastbrot grob würfeln und Petersilie hacken, zusammen mit den Kapern, Walnussöl und Zitronensaft in den Küchenmixer geben und zu einem feinen Pesto verarbeiten. Mit frisch gemahlenem Pfeffer, Chili und Salz abschmecken.

❼ Je eine Handvoll Brotteig zu einer kleinen Kugel kneten, diese auf einer bemehlten Arbeitsfläche in die Länge ziehen und mit dem Nudelholz auf 2 cm Breite auswalken. Die Teigstücke jeweils um die abgekühlten Spargelstangen wickeln, dabei die Spargelspitzen frei lassen. Spargel im Brotmantel mit etwas Abstand zueinander auf einem mit Backpapier belegten Backblech platzieren und im vorgeheizten Backofen bei 180 °C goldbraun backen.

Spargel im Brotmantel heiß aus dem Ofen mit dem Petersilien-Dip servieren.

★★★ VORBEREITUNG: 40 MIN. GARZEIT: 30–40 MIN. PORTION: 6–8 PERSONEN ★★★

FRANZÖSISCHER GEMÜSESALAT

Ein herrlich erfrischender Genuss

GEMÜSESALAT

600 g Karotten
400 g Petersilienwurzel
700 g Kartoffeln, festkochend
2 l Gemüsebrühe
350 g Erbsen, frisch oder tiefgekühlt
400 g Gewürzgurken (Glas)

SALATCREME

100 ml Sojamilch
2 EL Tafelessig
4 TL Senf, mittelscharf
Saft von ½ Zitrone
100 ml Gemüsebrühe
Salz
schwarzer Pfeffer, gemahlen
2 Kartoffeln, gekocht
100 ml Sonnenblumenöl

❶ Karotten und Petersilienwurzeln schälen, halbieren und die Stücke der Länge nach nochmals teilen.

❷ Kartoffeln schälen und je nach Größe halbieren oder gegebenenfalls vierteln. Alle Kartoffelstücke sollten möglichst dieselbe Größe haben, damit sie zur gleichen Zeit gar werden.

❸ Gemüsebrühe in einem großen Topf zum Kochen bringen und Karotten, Petersilienwurzel sowie Kartoffeln darin gar kochen. Das gar gekochte Gemüse aus der Brühe nehmen, wobei es noch etwas Biss haben sollte, und zum Abkühlen beiseitestellen.
Zwei gekochte Kartoffeln für die Zubereitung der Salatcreme zur Seite legen.

❹ Tiefgekühlte Erbsen in die noch heiße Gemüsebrühe geben und darin gar köcheln. 100 ml von der Gemüsebrühe aufbewahren. Gekochte Erbsen abgießen und abkühlen lassen.

❺ Abgekühltes, gekochtes Gemüse in sehr feine Würfel schneiden und zusammen in eine große Salatschüssel geben. Gewürzgurken ebenfalls sehr fein würfeln und zum restlichen Gemüse in die Schüssel geben. Schließlich gekochte Erbsen hinzufügen und alle Zutaten miteinander vermengen.

❻ Für die Salatcreme Sojamilch und Essig kurz mit dem Stabmixer verquirlen. Senf, und Zitronensaft sowie Gemüsebrühe hinzufügen und ca. 1 Min. mit dem Stabmixer bearbeiten. Sauce mit Salz und gemahlenem Pfeffer sehr würzig abschmecken. Erneut mit dem Pürierstab mixen, dabei das Öl in einem dünnen Strahl langsam zugießen.

❼ In einem zweiten geeigneten Gefäß die beiden gekochten Kartoffeln mit dem Pürierstab zermusen, mit 3–4 EL von der Salatcreme glatt rühren und schließlich gleichmäßig unter die restliche Creme mischen.

Salatcreme auf das fein gewürfelte Gemüse gießen und sorgfältig untermischen. Gemüsesalat mindestens 3 Stunden, am besten aber über Nacht im Kühlschrank ziehen lassen.

TIPP! Am besten schmeckt der Französische Salat eiskalt aus dem Kühlschrank – über Nacht gezogen verbinden sich die Zutaten-Aromen ideal!

★★★ VORBEREITUNG: 1½ STD. ZUBEREITUNG: 30 MIN. PORTION: 4 PERSONEN ★★★

HACKBÄLLCHEN MIT ERDNUSS-DIP

mit Rote-Beete-Knusperchips

FRIKADELLEN

150 g Soja-Granulat, sehr fein
Gemüsebrühe
1 Karotte
2 Zwiebeln, klein
1 Glas Kichererbsen
2 TL Paprikapulver, edelsüß
1 TL Pfeffer, gemahlen
1 TL Salz
Petersilie, frisch gehackt
4 Scheiben Vollkorntoast
4 EL Weizenmehl

ERDNUSS-DIP

80 g Erdnüsse, gesalzen, geröstet
2 EL Olivenöl
1 TL rote Curry-Paste
200 ml Kokosmilch (Dose)
½ TL Salz
½ EL Tafelessig
2 TL Crema di Balsamico
1 EL Agavendicksaft
2 TL Erdnussmus, crunchy

ROTE-BEETE CHIPS

2 Rote-Bete-Knollen, frisch
1 EL Olivenöl
Grobes Meersalz

❶ Soja-Granulat in eine Schüssel geben, mit heißer Gemüsebrühe bedecken und 10 Min. quellen lassen. Eingeweichtes Soja-Granulat in ein Sieb geben und Flüssigkeit abtropfen lassen, mit den Händen ausdrücken und in eine große Schüssel geben.

❷ Vollkorntoast-Scheiben kurz in kaltes Wasser legen und ausdrücken. Das eingeweichte Brot in kleine Stücke zerbröseln und zum Granulat geben.

❸ Zwiebeln schälen und fein würfeln. In Olivenöl in der Pfanne glasig rösten, beiseitestellen.

❹ Karotte schälen und fein raspeln. Gewürze, Salz, frisch gehackte Petersilie, gedünstete Zwiebelwürfel sowie Karottenraspel zum Granulat in die Schüssel geben.

❺ Kichererbsen mitsamt der Flüssigkeit aus dem Glas in eine hohe Schüssel geben und mit dem Pürierstab sehr fein mixen.

❻ Kichererbsenbrei sowie Mehl zu den restlichen Frikadellen-Zutaten geben und alles mit den Händen gründlich zu einer homogenen Masse vermengen.

❼ Mit nassen Händen kleine Bällchen aus dem Frikadellen-Teig formen und in einer Pfanne mit Sonnenblumenöl unter Wenden goldbraun backen.
Das Öl sollte so hoch in der Pfanne sein, dass die Bällchen ungefähr halb bedeckt sind.

❽ Backofen auf 150°C vorheizen. Rote Bete schälen (am besten mit Einweghandschuhen) und in hauchdünne Scheiben hobeln. Diese in eine Schüssel geben und gleichmäßig Olivenöl darunter mischen.
Die Rote-Bete-Scheiben nebeneinander auf ein mit Backpapier belegtes Blech legen, nach Geschmack mit grobem Salz würzen und knusprig backen. Rote-Bete-Chips auf dem Blech abkühlen lassen.

❾ Für den Erdnuss-Dip geröstete und gesalzene Erdnüsse im Küchenmixer fein mahlen.
Olivenöl in einer Pfanne erhitzen und Currypaste darin ca. 1 Min. anrösten. Mit Kokosmilch aufgießen (evtl. feste Bestandteile der Kokosmilch in der Pfanne schmelzen) und aufkochen. Pfanne vom Herd nehmen und die gemahlenen Erdnüsse untermischen. Mit Agavendicksaft und Gewürzen sowie Essig abschmecken und zum Schluss Erdnussmus hinzugeben.

33

★★★ VORBEREITUNG: 15 MIN. · GARZEIT: 8-10 MIN. · PORTION: 4 PERSONEN ★★★

WARMER SPARGELSALAT

Eine verlockend-leichte Vorspeise

SALAT

250 g weißer Spargel
250 g grüner Spargel
200 g Kirschtomaten
200 g Tofu natur
Paprikapulver, edelsüß

VINAIGRETTE

200 ml Spargelsud
2 EL Walnussöl
2 EL Balsamico Bianco
Petersilie, frisch gehackt
Brunnenkresse
Salz
schwarzer Pfeffer, frisch gemahlen
Chili, frisch gemahlen
1 EL Crema di Balsamico
1 EL Agavendicksaft

❶ Spargel gründlich schälen und in Stücke schneiden. In einen Kochtopf geben und mit so viel Wasser aufgießen, dass die Spargelstücke gerade bedeckt sind. Einen gestrichenen EL Salz sowie einen gehäuften TL Zucker untermischen und den Spargel auf kleiner Flamme bissfest garen.

❷ 200 ml vom heißen Spargelsud entnehmen und mit Walnussöl sowie weißem Balsamico-Essig verquirlen. Balsamico-Creme und Agavendicksaft untermischen, mit Salz, frisch gemahlenem Pfeffer und Chili abschmecken, schließlich frisch gehackte Kräuter unterrühren.

❸ Tofu mit einer Gurkenreibe in feine Flocken reiben und in Olivenöl kurz in einer Pfanne anbraten, mit einer Prise Paprikapulver und Salz abschmecken.

❹ Kirschtomaten waschen, vierteln und zusammen mit den angebratene Tofuflocken unter die Vinaigrette mischen. Gekochte Spargelstücke abgießen, heiß in die warme Vinaigrette geben und einige Min. ziehen lassen.

Den Spargelsalat mit frischer Brunnenkresse garnieren und lauwarm servieren.

TIPP!

Räucher- oder Kräutertofu gibt dem lauwarmen Spargelsalat ein feinherbes Aroma – einfach mal probieren!

★★★ VORBEREITUNG: 1½ STD.   ZUBEREITUNG: 60 MIN.   PORTION: 6–8 PERSONEN ★★★

PARTY-NUDELSALAT
mit Mini-Laugensemmeln

LAUGEN-GEBÄCK
500 g Weizenmehl
½ Würfel Frischhefe
1 TL Zucker
2 TL Salz
15 g Pflanzenmargarine
290 ml Wasser
Einweghandschuhe
1 Päckchen Natron
1 l Wasser
Sesamsamen
Grobes Salz

NUDELSALAT
1½ l Gemüsebrühe
500 g Gabelspaghetti
Balsamico-Essig
2 EL Öl
300 g tiefgekühlte junge Erbsen
300 g Karotten, gekocht (Glas)
300 g veganer Schnittkäse
250 g Mais (Dose)

SALATCREME
250 ml vegane Mayonnaise
2 TL Senf, mittelscharf
Salz
schwarzer Pfeffer, frisch gemahlen

① Für die Laugensemmeln Mehl in eine Rührschüssel geben und eine Mulde in die Mitte drücken. Frischhefe mit Zucker sowie 1 EL lauwarmem Wasser glatt rühren und in die Vertiefung geben. Etwas Mehl darüber streuen, Rührschüssel mit einem Tuch abdecken und den Vorteig 20 Min. an einem warmen Platz gehen lassen.

② Salz zugeben und Mehl und Hefe grob mischen. Margarine und lauwarmes Wasser hinzugeben und mit dem Handrührgerät gründlich zu einem glatten, geschmeidigen Hefeteig kneten. Schüssel erneut abdecken und nochmals 30 Min. gehen lassen.

③ Jeweils eine Handvoll Teig entnehmen und auf einer bemehlten Arbeitsfläche erst zur Kugel rollen und dann in eine ovale Form, schließlich mit einem scharfen Messer einschneiden. Die Laugenteilchen nochmals abgedeckt 20 Min. ruhen lassen.

④ Einweghandschuhe anziehen. Natron in 1 l kaltem Wasser auflösen und in einem hohen Topf zum Kochen bringen, dann Hitze auf niedrigste Stufe reduzieren. Laugensemmeln mit Hilfe einer Lochkelle mit der eingeschnittenen Seite nach unten einzeln in die heiße Laugenflüssigkeit gleiten lassen und 30 Sek. darin baden.

⑤ Semmeln mit der Kelle herausfischen und direkt auf ein mit Backpapier belegtes Backblech platzieren, dabei etwas Abstand zwischen den Brötchen lassen. Mit Sesam oder grobem Salz bestreuen und im vorgeheizten Backofen bei 180 °C ca. 20–30 Min. goldbraun backen.

⑥ Für den Nudelsalat Gemüsebrühe in einem Topf kochen und Gabelspaghetti darin beinahe bissfest kochen. 500 ml von der Gemüsebrühe entnehmen und beiseitestellen. Nudeln abgießen und mit kaltem Wasser abschrecken, abkühlen lassen.

⑦ 200 ml von der Gemüsebrühe, Balsamico-Essig und Öl zu einem Sud verquirlen, mit Salz und Pfeffer kräftig abschmecken. Die abgekühlten Nudeln mit dem Sud übergießen, mischen und mindestens eine Stunde im Kühlschrank ziehen lassen.

⑧ Übrige Gemüsebrühe erneut zum Kochen bringen und Erbsen darin garen. Abgießen und beiseitestellen.

⑨ Karotten aus dem Glas abgießen und in feine Ringe schneiden. Veganen Schnittkäse in kleine Würfel schneiden. Mais aus der Dose abgießen. Karotten, Käsewürfel, Mais und gekochte Erbsen zu den Gabelspaghetti geben und alle Zutaten gut miteinander vermengen.

⑩ Vegane Mayonnaise mit Senf glatt rühren und mit Salz und frisch gemahlenem Pfeffer abschmecken. Mayonnaise unter den Nudelsalat mengen.

Nudelsalat mindestens 3 Stunden, am besten jedoch über Nacht im Kühlschrank ziehen lassen.

★★★ VORBEREITUNG: 20 MIN. BRATZEIT: 10 MIN. PORTION: 4 PERSONEN ★★★

ZUCCHINI-GUACAMOLE

Ein Klassiker – mal anders

ZUCCHINI-GUACAMOLE

2 reife Avocados
½ Zitrone, unbehandelt
¼ TL Salz
1 EL Olivenöl
schwarzer Pfeffer, frisch gemahlen
Chili, getrocknet und frisch gemahlen
½ rote Zwiebel
8 Zucchiniblüten mit Zucchini-Frucht
2 Tomaten, mittelgroß
Schnittlauch
1 Knoblauchzehe
Olivenöl
Pinienkerne

❶ Avocados längst halbieren und Kerne entfernen. Fruchtfleisch mit einem Löffel aus der Schale schaben, grob in Stücke schneiden und in ein Schälchen geben.

❷ Zitrone waschen und trocken tupfen. Schale reiben, Saft auspressen.

❸ Avocadostücke grob mit einer Gabel zerdrücken. Zitronensaft und geriebene Schale zugeben, Salz und Olivenöl hinzugeben und mischen. Mit frisch gemahlenem Pfeffer sowie Chili abschmecken.

❹ Rote Zwiebel schälen und in feine Streifen oder Würfel schneiden.

❺ 2 Baby-Zucchini waschen und der Länge nach vierteln, anschließend in kleine Stücke schneiden.

❻ Tomaten waschen und Schale mit einem scharfen Messer über Kreuz einschneiden und kurz in kochendes Wasser legen, bis sich die Schalen am Einschnitt ablösen. Tomaten aus dem Wasser nehmen und Schale abziehen, dann halbieren und die Kerne entfernen. Das Fruchtfleisch in kleine Würfel schneiden.

❼ Rote Zwiebelstreifen, Zucchinistücke und Tomatenwürfel unter die Avocadomasse mischen. Zucchiniblüten vorsichtig von der Frucht abtrennen, säubern und mit der Avocado-Zucchini-Guacamole füllen. Blütenenden mit Schnittlauch zusammenbinden.

❽ Knoblauchzehe schälen und in feine Scheiben schneiden. Restliche Baby-Zucchini waschen, trocken tupfen und längs in dünne Scheiben schneiden.

❾ Etwas Olivenöl in einer Pfanne erhitzen und die Zucchinischeiben von beiden Seiten kurz anbraten. Schließlich feine Knoblauchscheiben sowie Pinienkerne dazugeben und kurze Zeit weiter braten.

Zucchiniblüten mit Guacamole-Füllung zu den gebratenen Knoblauch-Zucchinischeiben servieren.

TIPP! Besonders gut schmeckt die Zucchini-Guacamole mit Meersalz verfeinert. Dazu passen z.B. rustikale Brotstangen!

★★★ VORBEREITUNG: 1½ STD.   BACKZEIT: 40 MIN.   PORTION: 6-8 PERSONEN ★★★

MARMORBROT
mit mediterraner Paprika-Füllung

MARMORBROT
1 Würfel Frischhefe
2 EL Sojamilch natur
½ TL Zucker
800 g Weizenmehl
1 TL Salz
2 EL Olivenöl
550 ml Wasser

PAPRIKACREME
2 Schalotten
5 EL Olivenöl
1 rote Spitzpaprika
1 Tomate
schwarzer Pfeffer, frisch gemahlen
Salz
Majoran, frisch gehackt
250 g passierte Tomaten

❶ Hefewürfel mit ½ TL Zucker und 2 EL lauwarmer Sojamilch glatt rühren, anschließend in einem hohen Gefäß mit einem Küchentuch abgedeckt an einem warmen Ort ca. 30 Min. gehen lassen.

❷ Weizenmehl mit Salz mischen, hochgegangene Hefe und Olivenöl zugeben und grob miteinander vermengen. Nach und nach das lauwarme Wasser hinzugeben und zu einem glatten Teig gründlich verkneten. Den Teig in einer bemehlten Schüssel mit einem Küchentuch abgedeckt an einen warmen Ort nochmals 30–40 Min. gehen lassen.

❸ Paprika und Tomate gründlich waschen und sehr fein würfeln. Schalotten schälen und fein würfeln. Olivenöl in einer hohen Pfanne erhitzen, Schalotten darin glasig dünsten. Paprikawürfel hinzugeben und 5 Min. anbraten. Schließlich Tomatenwürfel und passierte Tomaten sowie Majoran, etwas Salz und Pfeffer zugeben und bei geschlossenem Topfdeckel weitere 10 Min. köcheln lassen.

❹ Den Hefeteig auf einer bemehlten Arbeitsfläche mit einem Nudelholz zu einer rechteckigen Form 5 mm dick ausrollen. Einige EL von der warmen Paprika-Tomaten-Sauce auf den ausgerollten Teig geben und sehr dünn und gleichmäßig darauf verstreichen (Sauce nicht ganz bis zum Rand streichen, ca. 1–2 cm Abstand lassen).

❺ Nun die beiden Seiten des Teiges bis zur Mitte hin umschlagen, so dass der Saucenbelag vollständig bedeckt ist. Die Oberfläche wieder vorsichtig mit dem Nudelholz etwas auswalken und die Oberfläche erneut dünn und gleichmäßig mit Sauce bestreichen, dann den Teig in der Mitte umschlagen. Erneut die Teigoberfläche vorsichtig mit dem Nudelholz bearbeiten und die evtl. entstandene Rundung der Oberfläche glätten.

❻ Der Teig hat nun eine strudelartige lange, dünne Form. Dessen Oberfläche ein weiteres Mal ganzflächig dünn mit der Sauce bepinseln, locker zu einem runden Brot rollen und auf ein mit Backpapier ausgelegtes Backblech platzieren.

❼ Bei 180 °C im vorgeheizten Backofen ca. 40 Min. goldbraun backen.

SUPPEN & EINTÖPFE

SUPPEN & EINTÖPFE SIND NICHT NUR FÜR KALTE WINTERTAGE RESERVIERT. ZUBEREITET AUS KNACKIG FRISCHEM GEMÜSE, FRISCHEN KRÄUTERN UND GEWÜRZEN TANKEN SIE UNSERE KRAFTRESERVEN AUF! VON SOMMERLICH-LEICHT ÜBER DEFTIG BIS HIN ZU LEICHTEN CREMESUPPEN UND FRUCHTIGEN KALTSCHALEN, DIE GESCHMACKSPALETTE DER VEGANEN SUPPENKÜCHE IST VIELFÄLTIG.

★★★ VORBEREITUNG: 10 MIN. KOCHZEIT: 15 MIN. PORTION: 4 PERSONEN ★★★

CURRY-KAROTTENSUPPE

pikant und deftig

KAROTTENSUPPE

2 Zwiebeln, mittelgroß
4 Karotten, mittelgroß
1 Kartoffel, mittelgroß
1 Stange Lauch
2 EL Pflanzenöl
1 l Gemüsebrühe
½ TL Currypulver
½ TL Paprikapulver, edelsüß
1 Msp. Chilipulver
¼ Bund Petersilie oder Schnittlauch

❶ Zwiebeln schälen und fein würfeln. Karotten und Kartoffel schälen und in kleine Würfel schneiden. Lauchstange putzen und in feine Ringe schneiden.

❷ Pflanzenöl in einem Topf erhitzen und Zwiebeln sowie Gemüsewürfel einige Min. darin andünsten.

❸ Gemüse mit Brühe aufgießen und bei geschlossenem Topfdeckel 10–15 Min. bei mittlerer Hitze köcheln lassen.

❹ Ist das Gemüse gar gekocht, alle Zutaten im Topf mit dem Stabmixer fein pürieren.
Mit Curry- und Paprikapulver, Chili und frisch gehackten Kräutern abschmecken.

TIPP! Besonders aromatische Pflanzen-Öle geben der feinen Karottensuppe noch einen extra Kick, wie z.B. Kürbiskern- oder Mandelöl!

★★★ VORBEREITUNG: 5 MIN.   KOCHZEIT: 15 MIN.   PORTION: 4-5 PERSONEN ★★★

KÜMMELSUPPE

mit Knusper-Croûtons

KÜMMELSUPPE

1 rote Zwiebel
5 EL Sonnenblumenöl
2 TL Kümmel
2 EL Mehl
1 TL Paprikapulver, edelsüß
1,3 l Gemüsebrühe
Petersilie, frisch gehackt
100 ml Mandelmilch

CROUTONS

1 EL Öl
3-4 Scheiben Gewürz- oder Bauernbrot

❶ Zwiebel sehr fein würfeln. 3 EL Pflanzenöl in einem Topf erhitzen und Zwiebelwürfel und Kümmel darin glasig dünsten.

❷ Mehl sowie 2 weitere EL Öl hinzugeben und unter Rühren braun anbraten.

❸ Paprikapulver untermischen und einige Sekunden weiterbraten, Topf vom Herd nehmen. Kurz abkühlen lassen und mit Gemüsebrühe aufgießen.

❹ Frisch gehackte Petersilie hinzugeben und auf kleiner Flamme etwas köcheln lassen. Zuletzt Mandelmilch zugießen und weitere 5 Min. köcheln lassen.

❺ Brot in kleine Würfel schneiden und in einer Pfanne mit 1 EL Öl kross anbraten und die Kümmelsuppe kurz vor dem Servieren mit den Brotcroûtons garnieren.

TIPP!

Je nach Vorliebe kann die Kümmelsuppe vor dem Servieren auch durch ein Küchensieb gefiltert werden um eine klare Suppe zu erhalten.

★★★ VORBEREITUNG: 20 MIN. KOCHZEIT: 30-40 MIN. PORTION: 5-6 PERSONEN ★★★

GEFÜLLTE KOHLRABI

mit Hack, Reis und Kichererbsen

GEFÜLLTE KOHLRABI

5-6 Kohlrabi, klein
125 g Soja-Granulat
400 ml Gemüsebrühe
1 TL Paprikapulver, edelsüß
schwarzer Pfeffer, frisch gemahlen
125 g Rundkornreis
Petersilie, frisch gehackt
200 g Kichererbsen (Glas)
1 EL Mehl
2 EL Sonnenblumenöl
1 TL Paprikapulver, edelsüß
1 TL Kümmel, gemahlen
1 l Gemüsebrühe
3-4 Lorbeerblätter
veganer Sauerrahm

❶ Kohlrabi gründlich schälen, Deckel abschneiden und mit einem Kugelausstecher oder einem scharfkantigen Löffel aushöhlen, dabei etwa 1 cm Rand lassen. Kohlrabideckel sowie das ausgestochene Fruchtfleisch beiseitestellen.

❷ Soja-Granulat in eine Schale geben, mit heißer Gemüsebrühe aufgießen und 20 Min. einweichen lassen.

❸ Eingeweichtes Granulat in einem Sieb abtropfen lassen und Flüssigkeit ausdrücken. Mit Paprikapulver und ein wenig Pfeffer würzen, Reis und frisch gehackte Petersilie sorgfältig untermischen.

❹ Kichererbsen mit dem Stabmixer fein pürieren und zusammen mit 1–2 EL Mehl zum Granulat geben. Alle Zutaten gründlich mit den Händen vermengen. Die ausgehöhlten Kohlrabiköpfe bis zum Rand mit der Masse füllen und fest drücken.

❺ In einem hohen Topf 1 EL Mehl mit Sonnenblumenöl und Paprikapulver und gemahlenem Kümmel unter Rühren anschwitzen und mit der Hälfte der Gemüsebrühe aufgießen.

❻ Gefüllte Kohlrabiköpfe vorsichtig in den Topf setzen, dabei darauf achten, dass die Kohlrabi waagerecht stehen, so dass die Füllung nicht herausfällt. Restliche Gemüsebrühe vorsichtig aufgießen, so dass die Kohlrabiköpfe bedeckt sind (je nach Topfgröße gegebenenfalls noch etwas Brühe zugeben). Kohlrabi-Fruchtfleisch sowie Lorbeerblätter in die Suppe geben und bei halb geschlossenem Topf auf kleiner Hitze 30–40 Min. köcheln lassen.

❼ Veganen Sauerrahm in einem Schälchen glatt rühren und zu den gefüllten Kohlrabi servieren.

TIPP! Die jungen Kohlrabi-Blätter sind sehr nährstoffreich, sie können mitgekocht und gegessen werden – z.B. fein gehackt zur Füllung geben!

★★★ VORBEREITUNG: 10 MIN.   KOCHZEIT: 30–40 MIN.   PORTION: 4 PERSONEN ★★★

FRITTATENSUPPE

mit Gartenkresse-Pfannkuchen

GEMÜSESUPPE

1½ l Wasser
3 Karotten
3 Petersilienwurzeln
½ grüne Paprika
1 Gemüsezwiebel
1 Stange Lauch
1 Tomate
½ Knollensellerie
5–6 Frühlingszwiebeln
1 Lorbeerblatt
1 TL schwarze Pfefferkörner
½ Bund Petersilie, frisch
¼ TL Paprikapulver, edelsüß
1 EL Walnussöl

FRITTATEN

6 EL Weizenmehl
220 ml Sojamilch
Salz
70 ml Mineralwasser mit Kohlensäure
Gartenkresse
Walnussöl

❶ Für die Frittaten (Suppeneinlage aus dünnen Pfannkuchen-Streifen) Mehl in eine Rührschüssel geben, ungefähr die Hälfte von der Sojamilch zugeben und mit dem Kochlöffel zu einer homogenen Masse verrühren. Restliche Sojamilch nach und nach unterrühren, Salz und geschnittene Gartenkresse untermischen. Sprudelwasser langsam unter Rühren untermischen.

❷ Je 1 EL Walnussöl in einer Pfanne erhitzen und pro Pfannkuchen eine Schöpfkelle voll Teig dünn in der heißen Pfanne verteilen. Von beiden Seiten zu goldbraunen Pfannkuchen backen, beiseitestellen und abkühlen lassen.

❸ Inzwischen Gemüsezutaten für die Suppe schälen und in kleine Stücke schneiden.

❹ Wasser in einem Topf aufkochen und klein geschnittenes Gemüse sowie Lorbeerblatt, schwarze Pfefferkörner, Petersilie und 1 EL Walnussöl hineingeben. Suppe auf mittlerer Stufe 30–40 Min. köcheln lassen, bis das Gemüse gar ist und sein Aroma abgegeben hat. Suppe durch ein feines Sieb gießen und gekochtes Gemüse sowie Kräuter und Gewürze abfangen.

❺ Klare Gemüsebrühe mit Paprikapulver, Pfeffer und Salz abschmecken.

❻ Abgekühlte Kresse-Pfannkuchen einzeln aufrollen und in dünne Streifen schneiden. Frittaten kurz vor dem Servieren in die heiße Gemüsebrühe geben.

TIPP!

Das eingekochte Gemüse aus der Suppe kann z.B. püriert und mit frischen Kräutern verfeinert als Brotaufstrich gegessen werden!

★★★ VORBEREITUNG: 30 MIN. KOCHZEIT: 40 MIN. PORTION: 4-5 PERSONEN ★★★

GULASCH-SUPPE

mit gezupften Nudeln

GULASCHSUPPE

150 g Sojawürfel
400 ml Gemüsebrühe
1 Zwiebel, mittelgroß
Sonnenblumenöl
3 TL Paprikapulver, edelsüß
1 TL Kümmel, gemahlen
1 TL schwarzer Pfeffer, gemahlen
¼ TL Cayennepfeffer
1 rote Paprika
1½ l Wasser
3 Kartoffeln
3 Karotten
1 Petersilienwurzel
½ TL Salz
1 EL Gemüsebrühepulver
150 ml Tomatensaft

GEZUPFTE NUDELN

120 g Mehl
1 EL Ei-Ersatz-Pulver
12 EL Wasser
Salz

❶ Sojawürfel in eine Schüssel geben, mit heißer Gemüsebrühe übergießen und 30 Min. ziehen lassen.

❷ Zwiebeln fein würfeln, in einem großen Topf in Sonnenblumenöl glasig dünsten. Paprikapulver, gemahlenen Kümmel und Pfeffer sowie Cayennepfeffer unterrühren und 2–3 Min. unter Rühren anrösten.

❸ Paprika fein würfeln. Eingeweichte Sojawürfel abgießen, leicht mit den Händen ausdrücken. Die Sojastücke sowie die Paprikawürfel kurz mit den Zwiebeln und Gewürzen anbraten. 300 ml vom Wasser aufgießen und bei mittlerer Hitze köcheln lassen, bis die Flüssigkeit etwas reduziert ist.

❹ Kartoffeln, Karotten und Petersilienwurzel schälen und würfeln. Restliches Wasser aufgießen und das gewürfelte Gemüse zugeben, mit Salz und Gemüsebrühepulver abschmecken. Tomatensaft hinzufügen. Bei halb geschlossenem Topfdeckel schmoren lassen, bis das Gemüse gar gekocht ist.

❺ Für die Gezupften Nudeln Mehl in eine Schale geben. Ei-Ersatz-Pulver mit 4 EL Wasser klumpenfrei rühren und zum Mehl geben. Weitere 8 EL Wasser zugeben und den Teig mit einem Kochlöffel glatt rühren. Schließlich eine Hand voll Mehl auf den Nudelteig streuen und mit den Fingern kleine Stücke aus dem Teig zupfen und in die köchelnde Gulaschsuppe fallen lassen. 5 Min. weiter köcheln lassen, bis die Nudeln gar sind.

❻ Gulaschsuppe mit frisch gehackter Petersilie garnieren und mit Weißbrot servieren.

TIPP!

Alternativ zu hausgemachten gezupften Nudeln machen sich vegane Knöpfle geschmacklich sehr gut in der Gulaschsuppe!

★★★ VORBEREITUNG: 10 MIN. KOCHZEIT: 25 MIN. PORTION: 4 PERSONEN ★★★

KNOBLAUCH-CREMESUPPE

mit Pinienkern-Pesto

CREMESUPPE

2 Zwiebeln, fein gewürfelt
5–6 Knoblauchzehen, geschnitten
Sonnenblumenöl
4 Kartoffeln, mehlig kochend
800 ml Gemüsebrühe
200 ml Sojasahne

PESTO

30 g Pinienkerne, geröstet
30 g Cashewkerne
40 g Basilikum, fein gehackt
125 ml Olivenöl
Salz
schwarzer Pfeffer, frisch gemahlen

AUSSERDEM

Veggie-Räucherspeck

❶ Zwiebelwürfel und geschnittene Knoblauchstücke in Sonnenblumenöl anrösten.
Kartoffeln schälen und fein würfeln, die Stücke dazugeben und einige Min. unter Rühren mit anbraten.
Mit Gemüsebrühe aufgießen und köcheln lassen, bis die Kartoffeln gar sind.

❷ Pinien- und Cashewkerne in einer Pfanne ohne Fett kurz anrösten, einige zur Dekoration beiseite legen. Geröstete Nüsse mit dem gehackten Basilikum und Olivenöl in eine Schale geben und mit dem Pürierstab cremig mixen. Mit Salz und frisch gemahlenem Pfeffer abschmecken.

❸ Suppe im Topf mit dem Stabmixer pürieren. 1–2 EL vom Basilikum-Pesto sowie Sahne zugeben und nochmals cremig pürieren.

❹ Veggie-Räucherspeck in dünne Streifen schneiden und in Olivenöl knusprig braten. Knoblauchcremesuppe heiß mit Pinienkernen und Veggie-Speck dekoriert servieren.

TIPP!

Das Basilikum-Pesto ist einige Wochen haltbar und schmeckt auch toll zu Pasta oder als pikanter Dip – mit veganem Parmesan köstlich!

★★★ ⏲ VORBEREITUNG: 6–8 STD.   🍲 KOCHZEIT: 40 MIN.   🍽 PORTION: 4 PERSONEN ★★★

RÄUCHERBOHNEN-EINTOPF

mit Soja-Filets

ZUTATEN

- 250 g Wachtelbohnen
- 1 EL Mehl
- 5 EL Sonnenblumenöl
- 1 TL Paprikapulver, edelsüß
- 500 ml Wasser
- 4 TL Flüssig-Raucharoma
- 2 Lorbeerblätter
- 4–5 EL Gemüsebrühepulver
- 70 g Soja-Rinderfilets
- 1 Karotte
- 1 Petersilienwurzel
- 2 EL Tafelessig
- veganer Sauerrahm
- ½ TL Salz
- ½ TL schwarzer Pfeffer, gemahlen
- Schnittlauch, frisch gehackt

❶ Wachtelbohnen über Nacht in kaltem Wasser einweichen.

❷ Mehl und Sonnenblumenöl, Paprikapulver und Pfeffer im Topf zu einer Mehlschwitze klumpenfrei rühren, bei mittlerer Hitze auf dem Herd 1–2 Min. unter Rühren anrösten. Mit 500 ml Wasser ablöschen. Eingeweichte Bohnen abgießen und hinzugeben.

❸ Raucharoma und Lorbeerblätter sowie Gemüsebrühepulver hinzufügen, Soja Rinderfilets ohne vorheriges Einweichen dazugeben und bei mittlerer Hitze schmoren lassen, bis die Bohnen ungefähr halb gar sind. Eventuell etwas Wasser nachgießen, so dass Filetstücke und Bohnen ausreichend mit Flüssigkeit bedeckt sind. Sind die Bohnen halb gar, die Sojafilets entnehmen und beiseitestellen.

❹ Karotten und Petersilienwurzel schälen und in feine Würfel schneiden, zu den Bohnen in den Topf geben und weiter köcheln lassen, bis alles Gemüse gar gekocht ist.

❺ Die Soja-Filetstücke mit den Händen in mundgerechte Stücke rupfen und zur Suppe in den Topf geben. Zuletzt die fertige Räucherbohnensuppe mit Essig abschmecken und mit einem Klecks veganem Sauerrahm und frisch gehacktem Schnittlauch servieren.

TIPP!

Veganes Flüssigraucharoma gibt es online im Fachhandel oder in gut sortierten Einzel- und Biohandel zu kaufen.

★★★ VORBEREITUNG: 10 MIN.   KOCHZEIT: 30 MIN.   PORTION: 4-5 PERSONEN ★★★

SAUERKRAUTSUPPE

Ein deftiger Eintopf mit Bratwürsten

SAUERKRAUTSUPPE

1 Zwiebel
1 Knoblauchzehe
2 Karotten
2 Stangen Sellerie
5 EL Pflanzenöl
300 g Sauerkraut (Dose)
1 EL Tomatenmark
1 TL Paprikapulver, edelsüß
¼ TL Cayennepfeffer
½ TL schwarzer Pfeffer, gemahlen
1 EL Gemüsebrühepulver
1 l Wasser
½ Tasse Rundkornreis
vegane Bratwürste
Majoran, frisch
Petersilie, frisch gehackt
veganer Sauerrahm

❶ Zwiebel schälen und fein würfeln. Knoblauchzehe klein hacken. Karotten schälen und in Halbringe schneiden. Selleriestangen in feine Stücke schneiden.

❷ Pflanzenöl in einem Topf erhitzen und Zwiebeln darin glasig dünsten. Gehackten Knoblauch zugeben und kurz anschwitzen. Karotten- und Selleriestücke hinzugeben und kurz anbraten. Sauerkraut mitsamt dem Saft aus der Dose hinzufügen und das Gemüse bei geschlossenem Topfdeckel ca. 10 Min. garen.

❸ Tomatenmark und Gewürze untermischen und mit Wasser aufgießen. Reis und die Hälfte der frisch gehackten Kräuter hinzufügen und bei mittlerer Hitze köcheln lassen, bis der Reis gar gekocht ist.

❹ Inzwischen vegane Würste in Stücke schneiden und in Pflanzenfett anbraten.

❺ Die restlichen gehackten Kräuter sowie gebratene Veggie-Würste kurz vor dem Servieren in die Suppe geben. Mit einem Klecks veganem Sauerrahm servieren.

TIPP!

Der Sauerkrautsuppe wird nachgesagt, Katerstimmung und Kopfshmerzen (z.B. nach einer durchtanzten Nacht) vorzubeuhgen!

★★★   ⏲ VORBEREITUNG: 10 MIN.   🍲 KOCHZEIT: 25 MIN.   🍽 PORTION: 4–5 PERSONEN   ★★★

KARTOFFELSUPPE

mit Kürbiskernen und Petersilie

KARTOFFELSUPPE

700 g Kartoffeln, vorwiegend festkochend
2 EL Weizenmehl
3 EL Sonnenblumenöl
2 TL Paprikapulver, edelsüß
1,3 l Gemüsebrühe
2–3 Lorbeerblätter
½ Bund Petersilie, frisch gehackt
schwarzer Pfeffer, frisch gemahlen
Kürbiskerne, geröstet
4 EL Soja-Joghurt natur

❶ Kartoffeln schälen und in kleine Würfel schneiden.

❷ Mehl mit Öl in einem Topf bei mittlerer Hitze anschwitzen. Paprikapulver unterrühren und kurz mit anrösten.

❸ Langsam unter Rühren mit Gemüsebrühe aufgießen. Kartoffelwürfel sowie Lorbeerblätter in die Brühe geben und 15–20 Min. köcheln lassen, bis die Kartoffelstücke gar gekocht sind.

❹ Kartoffelsuppe vom Herd nehmen. Soja-Joghurt in einem Schälchen mit 4–5 EL von der heißen Suppe glatt rühren und unter die restliche Suppe mischen. Frisch gehackte Petersilie untermischen.

❺ Geschälte Kürbiskerne in einer Pfanne ohne Öl anrösten, bis die Kerne ein nussiges Aroma verströmen.

Lorbeerblätter entnehmen und Kartoffelsuppe mit gerösteten Kürbiskernen sowie frisch gehackter Petersilie bestreut serviert.

Vegane Würstchen Wiener Art passen optimal zur hausgemachten Kartoffelsuppe – einfach kurz vor dem Servieren in Ringe geschnitten zugeben!

TIPP!

★★★ VORBEREITUNG: 15 MIN.   KOCHZEIT: 35 MIN.   PORTION: 4 PERSONEN ★★★

GELBE-PAPRIKA-SÜPPCHEN

mit pikanten Chili-Crostini

PAPRIKASUPPE

2 Schalotten
4 gelbe Paprika
1 rote Spitzpaprika
1 Knoblauchzehe
3 Stiele Oregano
5 EL Olivenöl
1 l Gemüsebrühe
1 TL Currypulver
½ TL Paprikapulver, edelsüß
1 TL Salz
100 ml Mandelsahne
schwarzer Pfeffer, frisch gemahlen

CHILI-CROSTINI

Walnuss- oder Ciabatta-Brötchen
Chili, getrocknet und gemahlen

❶ Schalotten schälen und sehr fein würfeln. Paprikaschoten gründlich waschen und Kerngehäuse entfernen, Fruchtfleisch in sehr feine Würfel schneiden.

❷ Knoblauch schälen und sehr fein hacken. Oreganoblätter hacken.

❸ Olivenöl in einer hohen Pfanne erhitzen und Schalotten- und Paprikawürfel darin 8–10 Min. andünsten. 2 EL vom gebratenen Gemüse in ein Schälchen geben und für die Dekoration beiseitestellen.

❹ Knoblauch und Oregano in die Pfanne geben und weitere 5 Min. braten.

❺ Angeschwitztes Gemüse aus der Pfanne in einen hohen Topf umfüllen und mit Gemüsebrühe aufgießen. 15 Min. auf mittlerer Stufe köcheln lassen.

❻ Suppe mit dem Stabmixer pürieren, bis sie eine feincremige Konsistenz hat.

❼ Curry und Paprikapulver in einer Tasse mit 2 EL von der Suppe glatt rühren und hinzufügen. Schließlich Salz und Mandelsahne unterrühren und Paprikasuppe mit frisch gemahlenem Pfeffer abschmecken.

❽ Walnuss- bzw. Ciabatta-Brot in dünne Scheiben schneiden und beide Seiten mit etwas Olivenöl bepinseln. In der Pfanne beidseitig kross anbraten und mit frisch gemahlenem getrockneten Chili würzen.

Paprikasuppe mit den gebratenen Paprikawürfeln und frischem Oregano garniert servieren, dazu Chili-Crostini reichen.

TIPP!

Das Süppchen aus gelben Paprika schmeckt auch gekühlt serviert herrlich erfrischend an einem heißen Sommertag!

★★★ VORBEREITUNG: 10 MIN.   KOCHZEIT: 20 MIN.   PORTION: 4–5 PERSONEN ★★★

SCHWEIZER LAUCHSUPPE
mit Pflanzenkäse

LAUCHSUPPE
2 Schalotten
2 Knoblauchzehen
3–4 Stangen Lauch
Rapsöl
100 ml veganer Weißwein
800 ml Gemüsebrühe, kräftig
Thymian, frisch
schwarzer Pfeffer, gemahlen
100 g veganer Frischkäse
200 ml Sojasahne
250 g veganer Käse, gerieben
Schnittlauch, frisch gehackt

AUSSERDEM
kleine Brotlaibe, Anzahl je Person
(z. B. Brotzeitleibe aus der Bäckerei)

❶ Schalotten und Knoblauchzehen schälen und in feine Würfel schneiden. Lauch schälen und gründlich waschen, in feine Scheiben schneiden.

❷ Etwas Rapsöl in einem Topf erhitzen, Zwiebeln, Knoblauch und Lauch darin glasig dünsten.

❸ Gemüse mit Weißwein ablöschen und 2–3 Minuten bei mittlerer Hitze köcheln lassen.

❹ Mit Gemüsebrühe aufgießen, frischen Thymian zugeben und bei halb geschlossenem Topfdeckel 8–10 Minuten weiter köcheln.

❺ Veganen geriebenen Käse hinzugeben und unter langsamem Rühren weiterkochen, bis er völlig geschmolzen ist.

❻ Veganen Frischkäse mit Sojasahne in einem Schälchen glattrühren und unter die Suppe ziehen. Mit frisch gemahlenem schwarzen Pfeffer abschmecken.

Suppe heiß, mit frisch gehacktem Schnittlauch bestreut im ausgehölten Brotlaib servieren.

TIPP!
Ein fruchtiger Weißwein harmoniert ausgezeichnet mit der Schweizer Lauchsuppe – vegane Weine bietet der Fach- und Onlinehandel!

★★★ VORBEREITUNG: 10 MIN. KOCHZEIT: 25 MIN. PORTION: 4 PERSONEN ★★★

GRIECHISCHER BOHNEN-EINTOPF

mit feiner Nudeleinlage

BOHNENEINTOPF

2 Zwiebeln
3 Karotten
5 EL Pflanzenöl
200 g Kaiserschoten
200 g grüne Bohnen, extrafein
1 TL Salz
1 TL Bohnenkraut, getrocknet und gemahlen
1½ l Gemüsebrühe
3 Stiele Bohnenkraut, frisch
400 g weiße Bohnen (Dose)
400 g weiße Riesenbohnen (Dose)
250 g Kritharaki (griechische Hartweizengrieß-Nudeln)
½ Bund Petersilie, frisch gehackt
schwarzer Pfeffer, frisch gemahlen
1 EL Crema di Balsamico

❶ Zwiebeln schälen und in große Spalten schneiden. Karotten schälen und in Ringe schneiden.

❷ Pflanzenöl in einer Pfanne erhitzen und Zwiebelspalten sowie Karottenscheiben darin anbraten. Gemüse mitsamt dem Pflanzenfett aus der Pfanne in einen Topf umfüllen.

❸ Kaiserschoten waschen und Fäden abziehen. Feine grüne Bohnen waschen und Enden abschneiden. Kaiserschoten und Bohnen in den Topf zum restlichen Gemüse geben, Salz und getrocknetes Bohnenkraut untermischen und 1 weitere Min. im Topf andünsten.

❹ Mit einem Liter von der Gemüsebrühe aufgießen, Bohnenkraut-Stiele im Ganzen hinzugeben und bei mittlerer Hitze und geschlossenem Topfdeckel etwa 8 Min. köcheln lassen.

❺ Vorgekochte weiße Bohnen aus der Dose im Sieb abgießen und mit kaltem Wasser abspülen.

❻ Kritharaki-Nudeln sowie Bohnen zum Eintopf geben und restliche Gemüsebrühe aufgießen. Unter gelegentlichem Rühren weitere 8 Min. köcheln lassen.

❼ Zuletzt frisch gehackte Petersilie unterrühren und Eintopf mit frisch gemahlenem schwarzen Pfeffer sowie Crema di Balsamico abschmecken.

TIPP! *Bohnenkraut wirkt verdauungsfördernd und harmoniert geschmacklich perfekt mit sämtlichem Bohnengemüse und Möhren!*

★★★ VORBEREITUNG: 10 MIN.   KOCHZEIT: 15 MIN.   PORTION: 4–5 PERSONEN ★★★

SAFRAN-MANDELSUPPE

mit scharfen Chili-Croûtons

SAFRAN-MANDELSUPPE

1 Zwiebel, klein
2 Knoblauchzehen
1 Bund Petersilie
6 EL Olivenöl
1 Schuss Sherry
200 g Mandeln, blanchiert und fein gemahlen
2 TL Paprikapulver, edelsüß
1½ l Gemüsebrühe
1 Döschen Safran, gemahlen
1 Chilischote
Salz
Pfeffer, gemahlen
10 g Ingwer, fein gerieben

CROÛTONS

4–5 Scheiben Brot vom Vortag
1–2 EL Olivenöl
Chili, getrocknet, gemahlen

❶ Zwiebel und Knoblauchzehen schälen und fein würfeln. Petersilie fein hacken.

❷ Olivenöl in einem hohen Topf erhitzen, Zwiebel- und Knoblauchwürfel sowie die Hälfte der Petersilie hinzugeben und zusammen unter Rühren anrösten. Mit einem Schuss Sherry ablöschen und einige Minuten bei kleiner Hitze dünsten.

❸ Gemahlene Mandeln hinzufügen und 3–4 Min. unter regelmäßigem Rühren mitrösten, bis die Zutaten einen angenehm nussigen Duft ausströmen. Paprikapulver untermischen und weitere 1–2 Min. rösten.

❹ ¼ der Gemüsebrühe aufgießen, gemahlenen Safran sowie frisch geriebenen Ingwer untermischen.

❺ Restliche Gemüsebrühe sowie klein geschnittene Chilischote hinzugeben und bei halb geschlossenen Topfdeckel bei mittlerer Hitze 10 Min. köcheln lassen. Mit Salz und Pfeffer abschmecken.

❻ Brot in mundgerechte Würfel schneiden. Olivenöl in einer Pfanne erhitzen und die Brotstücke darin unter gelegentlichem Wenden knusprig anbraten. Mit gemahlenen Chiliflocken würzen.

Mandelsuppe mit restlicher gehackter Petersilie und Chili-Croûtons servieren.

TIPP! Dazu passt als Aperitiv am besten ein milder Sherry – im Fachhandel nach vegan geklärter Sorte fragen!

★★★   ⚖ VORBEREITUNG: 30 MIN.   🍲 KOCHZEIT: 30 MIN.   🍽 PORTION: 4-5 PERSONEN   ★★★

GEFÜLLTE PAPRIKA

in fruchtiger Tomatensauce

GEFÜLLTE PAPRIKA

100 g Soja-Granulat
500 ml Gemüsebrühe
170 g Kichererbsen (Glas)
150 g Rundkorn-Reis
2 TL Paprikapulver, edelsüß
1 TL schwarzer Pfeffer, gemahlen
2 EL Sojamehl
6–8 gelbe Spitzpaprika

1 EL Weizenmehl
3 EL Pflanzenöl
1 l passierte Tomaten
1 EL Tomatenmark
1 l Gemüsebrühe
1 EL Zucker
Petersilie, frisch gehackt
veganer Sauerrahm

AUSSERDEM

Weißbrot

❶ Für die Füllung Soja-Granulat mit heißer Gemüsebrühe übergießen und 30 Min. quellen lassen.

❷ Soja-Granulat in einem Sieb abgießen und mit den Händen überschüssige Flüssigkeit leicht ausdrücken. Kichererbsen mit 2–3 EL von der Flüssigkeit aus dem Glas mit dem Stabmixer fein pürieren. Granulat in eine Rührschüssel geben. Ungekochten Rundkorn-Reis, Paprikapulver und gemahlenen Pfeffer sowie pürierte Kichererbsen und Sojamehl hinzugeben und alle Zutaten mit den Händen zu einer homogenen Masse mischen.

❸ Gelbe Spitzpaprika waschen und die Deckel mit dem Stiel abschneiden. Kerngehäuse vorsichtig herausschneiden. Jede Schote mit der Soja-Granulat-Masse bis zum Rand füllen und fest in die Schote drücken.

❹ Mehl und Pflanzenöl in einem Topf unter Rühren hell anschwitzen. Mit passierten Tomaten aufgießen, Tomatenmark unterrühren und mit Gemüsebrühe aufgießen und aufkochen, mit Zucker abschmecken.

❺ Gefüllte Paprikaschoten mit Hilfe einer Kelle vorsichtig in die Suppe gleiten lassen, so dass möglichst wenig von der losen Füllung herausfällt. Schoten bei mittlerer Hitze ca. 30 Min. köcheln lassen, bis der Reis in der Füllung gar gekocht ist.

Gefüllte Paprikaschoten in Tomatensauce mit frisch gehackter Petersilie garnieren. Dazu frisches Weißbrot sowie veganen Sauerrahm reichen.

TIPP! *Die gelbe Spitzpaprika gibt diesem Gericht das ganz besondere, typische Aroma – aber auch mit anderen Paprikasorten schmeckt's!*

VORBEREITUNG: 10 MIN.   KOCHZEIT: 30 MIN.   PORTION: 4 PERSONEN

FISCHERSUPPE

Eine feurige Delikatesse

SUPPE

100 g Knollensellerie
2 Kartoffeln
2 Karotten
1 Stange Lauch
1 rote Paprika
Olivenenöl
1 l Gemüsebrühe
2 TL Paprikapulver, edelsüß
40 g Tomatenmark
400 g Tomaten, geschält (Dose)
1 Knoblauchzehe, fein geschnitten
2 Chilischoten, scharf
250 g Veggie-Fischfilets
½ Zitrone, unbehandelt
schwarzer Pfeffer, frisch gemahlen

AUSSERDEM

Weißbrot

❶ Knollensellerie gründlich schälen und in feine Würfel schneiden. Kartoffeln schälen und ebenfalls klein würfeln. Karotten schälen und in kleine Stücke schneiden. Lauch putzen, der Länge nach halbieren und in Halbringe schneiden. Paprika vom Kerngehäuse befreien und in kleine Stücke schneiden.

❷ Etwas Olivenöl in einem Topf erhitzen und klein geschnittenes Gemüse darin leicht anbraten.

❸ Angebratenes Gemüse mit einem Schuss Gemüsebrühe ablöschen. Paprikapulver und Tomatenmark unterrühren und kurz mit dem Gemüse anrösten.

❹ Tomatenstücke aus der Dose sowie fein geschnittenen Knoblauch Chilischoten in feine Ringe geschnitten hinzugeben.

❺ Suppe mit der restlichen Gemüsebrühe aufgießen. Pro Person ein Stück Veggie-Fischfilet beiseite legen, die restlichen Stücke in kleine Stücke geschnitten zum Gemüse in die Suppe geben.

❻ Fischersuppe bei mittlerer Hitze 20–25 Min. köcheln lassen. Suppe vom Herd nehmen und mit dem Stabmixer zu einer cremigen Konsistenz verarbeiten.

❼ Etwas Olivenöl in einer Pfanne erhitzen und beiseite gelegte Veggie-Fischfiletstücke darin von allen Seiten anbraten. Mit frisch gepresstem Zitronensaft beträufeln und nach Geschmack mit frisch gemahlenem Pfeffer würzen.

Fischersuppe mit gebratenen Veggie Fischfilets anrichten und mit Weißbrot servieren.

TIPP!

Fans der original Fischersuppe dürfen ruhig noch etwas nachwürzen mit etwas scharfem Paprikapulver!

VORBEREITUNG: 10 MIN.   KOCHZEIT: 20 MIN.   PORTION: 4 PERSONEN

STACHELBEER-KALTSCHALE

Der fruchtig-erfrischende Sommergenuss

STACHELBEER-KALTSCHALE

1 l Wasser
200 ml Apfelsaft, naturtrüb
1 Päckchen Vanillezucker
3 EL Zucker
Salz
60 g Rundkornreis
400 g Stachelbeeren
½ Zitroneschale, frisch gerieben
1 EL Soja-Joghurt
100 ml Mandelsahne
Zitronenmelisse, frisch

❶ Wasser und Apfelsaft mit Vanillezucker und Zucker sowie einer Prise Salz zum Kochen bringen.

❷ Rundkornreis hinzugeben und gar kochen.

❸ Gar gekochten Reis abgießen, dabei die Flüssigkeit wieder auffangen und erneut im Topf zum Kochen bringen. Gekochten Reis beiseitestellen.

❹ Stachelbeeren gründlich waschen und in den Topf geben. Bei mittlerer Hitze ca. 2 Min. köcheln lassen, dann gut ein Drittel der Stachelbeeren entnehmen und beiseitestellen. Restliche Stachelbeeren 5 Min. weiter im Sud köcheln, bis sie zerfallen.

❺ Einen zweiten Topf bereitstellen und ein feines Küchensieb darüber legen.
Die sehr gar gekochten Stachelbeeren mitsamt dem Sud durch das Sieb pas-sieren.

❻ Die passierte Kaltschale mit frisch geriebener Zitronenschale nochmals 1 Min. aufkochen.

❼ Soja-Joghurt und Mandelsahne mit 3–4 EL von der Stachelbeersuppe in einem Schälchen glatt rühren. Sahne-Mischung zur restlichen Suppe geben und gründlich unterrühren.

❽ Gekochten Reis sowie die beiseite gestellten Stachelbeeren in die Kaltschale zurückgeben.

Stachelbeer-Kaltschale gut abgekühlt und mit frischer Zitronenmelisse garniert servieren.

> **TIPP!** *Kalte Obstsuppen sind einfach perfekt für heiße Sommertage – herrlich erfrischend, fruchtig und leicht!*

HAUPTSPEISEN

Klassiker der Lieblingsküche auf vegane Art interpretiert – alltags- und gästetauglich und für jeden Anlass das passende Gericht dabei. Die stetig wachsende Vielfalt rein pflanzlicher Produkte macht es heute so einfach wie nie, die Leibspeisen geschmacksgetreu und so lecker wie gewohnt auf den Tisch zu bringen – guten Appetit!

★★★ VORBEREITUNG: 20 MIN. BRATZEIT: 15 MIN. PORTION: 4 PERSONEN ★★★

GRÖSTL-PFANNE

Ein bayerisches Schmankerl

GRÖSTL-PFANNE

8 Kartoffeln, festkochend
2 Zwiebeln
3–4 EL Zwiebelschmelz (Glas)
Salz
schwarzer Pfeffer, frisch gemahlen
1 rote Paprika
vegane Käsekrainer
½ TL Kümmel
Petersilie, fein gehackt
Majoran, fein gehackt

❶ Kartoffeln mit Schale in Salzwasser gar kochen, mit kaltem Wasser abschrecken, pellen und in Scheiben schneiden.

❷ Zwiebeln schälen und in feine Spalten oder Halbringe schneiden.

❸ Zwiebelschmelz in einer großen Pfanne bei mittlerer Hitze zergehen lassen und Kartoffelscheiben und Zwiebelstücke darin anbraten, mit Salz und frisch gemahlenem Pfeffer würzen.

❹ Paprika waschen und vom Kerngehäuse befreien, in große Stücke schneiden. Käsekrainer in Scheiben schneiden. Paprika und Krainer zusammen in einer separaten Pfanne in etwas Fett anbraten.

❺ Käsekrainer und Paprika zu den Bratkartoffeln in die Pfanne geben, mit Kümmel und frisch gehackten Kräutern verfeinern und kurz weiterbraten.

TIPP!

Die Gröstl-Pfanne schmeckt auch toll mit veganer Chorizo-Wurst oder veganer Räuchersalami!

LETSCHO

mit Kräuterseitlingen & Zuckerschoten

VORBEREITUNG: 20 MIN. **KOCHZEIT:** 60 MIN. **PORTION:** 4-5 PERSONEN

RISOTTO

- 6 Zwiebeln, groß
- 6 gelbe Spitzpaprika
- 6 Fleischtomaten
- 1 EL Salz
- 50 g Tomatenmark
- 100 ml Tomatensaft
- 1 Tasse Rundkornreis
- 100–150 ml Gemüsebrühe
- ½ Bund Petersilie, frisch gehackt

GEBRATENES GEMÜSE

- 2–3 EL Pflanzenöl
- 200 g Kräuterseitlinge
- schwarzer Pfeffer, frisch gemahlen
- Salz
- 2–3 EL Pflanzenmargarine zum Braten, z. B. Alsan
- 250 g Zuckerschoten
- 1 TL Puderzucker

1 Zwiebeln schälen und in sehr feine Spalten schneiden. Tomaten waschen, halbieren und in hauchfeine Spalten schneiden. Spitzpaprika waschen, Kerngehäuse entfernen und in feine Streifen schneiden.

2 Sonnenblumenöl in einen großen Topf geben, Gemüse hinzufügen, salzen und gründlich durchmischen. Bei geschlossenem Topfdeckel 15–20 Min. bei mittlerer Hitze garen, bis das Gemüse einkocht und eine saucige Konsistenz erhält.

3 Tomatenmark sowie -saft hinzufügen und unterrühren.

4 Rundkornreis hinzufügen und unter regelmäßigem Rühren köcheln, bis der Reis die Flüssigkeit aufgenommen hat und gar ist. Bei Bedarf Gemüsebrühe schluckweise nachgießen.

5 Risotto mit schwarzem Pfeffer abschmecken und frisch gehackte Petersilie untermischen.

6 Kräuterseitlinge mit einem Pinsel säubern und in feine Scheiben schneiden. Zuckerschoten waschen und trocken tupfen, Enden abschneiden und gegebenenfalls Fäden abziehen.

7 Wenig Olivenöl in einer Pfanne erhitzen und Pilzscheiben bei mittlerer Hitze langsam darin anbraten. Pfanne vom Herd nehmen und Seitlinge mit frisch gemahlenem Pfeffer und Salz abschmecken.

8 In einer zweiten Pfanne etwas Margarine zergehen lassen und Zuckerschoten bei hoher Hitze kurz darin anbraten. Mit Puderzucker bestreuen und 1 weitere Minute unter Schwenken karamellisieren.

Gebratene Kräuterseitlinge und karamellisierte Zuckerschoten auf Gemüse-Risotto anrichten und servieren.

★★★　⚖ VORBEREITUNG: 15 MIN.　🍲 KOCHZEIT: 20-30 MIN.　🍽 PORTION: 3-4 PERSONEN　★★★

PAPRIKASCH

Eine ungarische Spezialität

PAPRIKASCH

2 Zwiebeln, fein gewürfelt
1 grüne Paprika
1 gelbe Paprika
Pflanzenöl
3 TL Paprikapulver, edelsüß
400–500 ml Gemüsebrühe
250 g vegane Hähnchenschlegel
200 g veganer Sauerrahm
1 EL Weizenmehl
Petersilie, frisch gehackt

BEILAGEN-EMPFEHLUNG

Vegane Spätzle oder Bandnudeln

❶ Zwiebeln schälen und in sehr feine Spalten schneiden. Grüne und gelbe Paprika waschen, Kerngehäuse entfernen und in feine Streifen schneiden.

❷ Pflanzenöl in einer Pfanne erhitzen und Zwiebelspalten darin anschwitzen. Paprikastreifen zugeben und kurz anbraten. Paprikapulver hinzugeben und kurz mit dem Gemüse anrösten.

❸ Mit einem Schuss von der Gemüsebrühe ablöschen und vegane Hähnchenschlegel dazugeben, von allen Seiten kross anbraten. Vegane Hähnchenschlegel wieder aus der Pfanne nehmen und beiseitestellen.

❹ Restliche Gemüsebrühe aufgießen und 10 Min. bei mittlerer Hitze weiter köcheln lassen. Mehl mit 1–2 EL Pflanzenöl in einer Tasse glatt rühren und unter Rühren untermischen.

❺ Veganen Sauerrahm in einem Schälchen glatt rühren und unter die Paprikasauce ziehen. Frisch gehackte Petersilie zugeben und mit frisch gemahlenem Pfeffer abschmecken.

❻ Angebratene Veggie-Hähnchenschlegel wieder zur Sauce in die Pfanne geben und mit veganen Spätzle oder Bandnudeln anrichten.

TIPP!

Kein veganer Sauerrahm im Haus? Alternativ einfach die entsprechende Menge mit Soja-Joghurt natur ersetzen und mit etwas Sojasahne glattrühren!

★★★ VORBEREITUNG: 30 MIN.   BACKZEIT: 30–40 MIN.   PORTION: 6 PERSONEN ★★★

POLENTA-LASAGNE
mit Soja-Bolognese

POLENTA
800 ml Gemüsebrühe
200 ml Sojasahne, ungesüßt
250 g Polenta/Maisgrieß

BOLOGNESE
150 g Soja-Granulat, grob
50 g Soja-Granulat, fein
200 ml Gemüsebrühe
2 Zwiebeln,
2 Karotten
Olivenöl
schwarzer Pfeffer
Salz
50 g Tomatenmark
800 g Tomaten, geschält (Dose)
1 Knoblauchzehe, fein geschnitten
Petersilie, frisch gehackt

❶ Gemüsebrühe mit der Sahne in einem großen Topf aufkochen. Die Herdplatte auf kleine Hitze runterschalten und unter ständigem Rühren nach und nach den Maisgrieß hineinstreuen. Bei geschlossenem Deckel auf kleiner Stufe 8–10 Min. köcheln lassen.
Heiße Polenta sofort auf eine mit Backpapier belegte Arbeitsfläche schütten und mit einem Messer oder Teigschaber zügig auf 1½ cm Höhe verstreichen.
Ca. 30 Min. abkühlen lassen.

❷ Grobes und feines Soja-Granulat in einer Schüssel mischen, mit heißer Gemüsebrühe übergießen und darin 15 Min. ziehen lassen. Eingeweichtes Granulat in einem Sieb abtropfen lassen und leicht ausdrücken, Gemüsebrühe auffangen und beiseitestellen.

❸ Zwiebeln und Karotten schälen und sehr fein würfeln, in einer hohen Pfanne mit Olivenöl glasig dünsten.

❹ Soja-Granulat in die Pfanne geben, mit frisch gemahlenem Pfeffer und Salz nach Geschmack würzen und kross anbraten. Tomatenmark hinzufügen und untermischen, ca. 1 Min. unter Rühren braten.

❺ Schließlich Tomatenstücke aus der Dose sowie fein geschnittenen Knoblauch dazugeben und auf kleiner Flamme ca. 10 Min. einköcheln lassen. Bei Bedarf mit etwas Gemüsebrühe aufgießen.
Zuletzt frisch gehackte Petersilie hinzufügen.

❻ Abgekühlte Polenta in dünne Streifen von ca. 2x5 cm Größe schneiden. Ofenfeste Auflaufform mit Olivenöl bepinseln und mit einer Schicht Polentastreifen belegen, zwischen den Streifen ca. 1 cm Abstand lassen. Darauf etwa ein Drittel der Bolognese gleichmäßig verteilen und wiederum mit Polentastreifen belegen. So fortfahren, bis Polenta und Bolognese aufgebraucht sind. Die obere Polentaschicht mit Olivenöl bepinseln und pfeffern.

❼ Lasagne bei 180 °C im vorgeheizten Backofen ca. 30–40 Min. backen.

TIPP! Für Käse-Fans gibt es auch zartschmelzende vegane Käsealternativen zum Überbacken im Fach-, Einzel- und Onlinehandel!

★★★ VORBEREITUNG: 10 MIN.   KOCHZEIT: 25 MIN.   PORTION: 4 PERSONEN ★★★

SPAGHETTI AMORE

mit feuriger Veggie-Chorizo

SPAGHETTI AMORE
1 Zwiebel, mittelgroß
2 rote Spitzpaprika
Olivenöl
1 Schuss Marsala
2 TL Olivenpaste
1 Knoblauchzehe
600 ml Tomaten, geschält (Dose)
3 Stiele Oregano, fein gehackt
100 g Oliven, entkernt
2 TL Kapern
500 g Spaghetti, 100 % Hartweizen
1 Chilischote, scharf
150 g Veggie-Chorizo

❶ Zwiebel schälen und sehr fein würfeln.

❷ Rote Spitzpaprika waschen, Kerngehäuse entfernen und in feine Streifen schneiden.

❸ Etwas Olivenöl in einer hohen Pfanne erhitzen, Zwiebeln und Paprikastreifen darin anbraten. Mit einem Schuss Marsala ablöschen und bei mittlerer Hitze köcheln lassen, bis die Flüssigkeit verdampft ist. Olivenpaste unterrühren.

❹ Knoblauch sehr fein hacken. Tomatenstücke aus der Dose, gehackten Oregano sowie halbierte Oliven und die Kapern zur Sauce geben und etwa 10 Min. weiter köcheln lassen.

❺ Spaghetti in Salzwasser al dente kochen und abgießen.

❻ Inzwischen 1 EL Olivenöl in einer zweiten Pfanne erhitzen. Vegane Chorizo und scharfe Chilischote in Ringe schneiden und zusammen kurz anbraten.

❼ Angebratene Chorizo und Chiliringe unter die heiße Pasta-Sauce mischen und Spaghetti mit der Sauce anrichten.

TIPP!
Wie wär's denn zur Abwechslung mit Nudeln aus Kamutgrieß? Schmeckt wunderbar – einfach mal probieren!

87

★★★ VORBEREITUNG: 40 MIN.   BACKZEIT: 30–40 MIN.   PORTION: 6 PERSONEN ★★★

KLAUSENBURGER KRAUT

traditionell herzhafter Auflauf

KRAUTAUFLAUF

300 g Risottoreis
Sonnenblumenöl
700 ml Wasser
½ EL Salz
300 g Soja-Granulat
1 l Gemüsebrühe
1 TL schwarzer Pfeffer, gemahlen
1 TL Paprikapulver, edelsüß
1 kg Sauerkraut (Dose)
2 EL Zwiebelschmelz
600 g veganer Sauerrahm
150 ml Sojasahne, ungesüßt
Petersilie, frisch gehackt

❶ Rundkornreis in ein wenig Sonnenblumenöl bei kleiner Hitze glasig anschwitzen. Mit 700 ml Wasser aufgießen und ½ EL Salz unterrühren, anschließend auf kleiner Flamme bei geschlossenem Topfdeckel ohne Rühren gar köcheln lassen. Bissfest gekochten Reis beiseitestellen und abkühlen lassen.

❷ Soja-Granulat in eine hohe Schüssel geben und mit heißer Gemüsebrühe übergießen, 20–30 Min. einweichen lassen.

❸ Eingeweichtes Soja-Granulat durch ein Sieb gießen und leicht mit einem Löffel die überschüssige Flüssigkeit herausdrücken. Etwas Sonnenblumenöl in einer hohen Pfanne erhitzen und das Granulat hineingeben, bei mittlerer Hitze kurz anbraten. Mit 1 TL schwarzem Pfeffer und Paprikapulver würzen und unter Rühren weiterbraten, bis das Sojahack knusprig-saftig ist. Beiseite stellen.

❹ Sauerkraut mitsamt dem Saft aus der Dose in einen hohen Topf geben und mit einer Gabel etwas lockern. Bei geschlossenem Topfdeckel 8–10 Min. garen. 2 EL Zwiebelschmelz sowie einen gestrichenen TL Paprikapulver unterrühren, bei geschlossenem Topfdeckel und unter gelegentlichem Rühren weitere 15–20 Min. weitergaren. Beiseite stellen.

❺ Veganen Sauerrahm in eine Rührschüssel geben und mit der ungesüßten Sojasahne glatt rühren.

❻ Den Boden einer ofenfesten Auflaufform gleichmäßig mit einem Drittel des Sauerkrauts auslegen, darauf gleichmäßig die Hälfte des Sojahacks verteilen, anschließend die Hälfte von dem gekochten Reis.

❼ 5–6 Esslöffel vom angerührten Sauerrahm auf die Reisschicht geben und verstreichen. Darauf die Hälfte vom restlichen Sauerkraut schichten, als Nächstes das übrige Sojahack und schließlich den restlichen Reis. Erneut 5–6 EL vom veganen Sauerrahm auf der Reisschicht verteilen und schließlich das letzte Drittel Sauerkraut auf der Oberfläche verteilen.

❽ Den restlichen veganen Sauerrahm auf der Oberfläche verstreichen und darauf 2–3 Esslöffel Sonnenblumenöl träufeln.
Sauerkrautauflauf im vorgeheizten Backofen bei 180 °C auf mittlerer Schiene ca. 30–40 Min. überbacken, bis die Oberfläche goldbraun und knusprig ist.

Mit frisch gehackter Petersilie garniert zu frischem Weißbrot servieren.

★★★ VORBEREITUNG: 40 MIN.   KOCHZEIT: 30 MIN.   PORTION: 4 PERSONEN ★★★

KARTOFFEL-DURCHEINANDER

mit Rote-Bete-Meerrettich-Salat

ROTE-BEETE-SALAT

2–3 Rote-Bete-Knollen
½ Apfel
Zitronensaft, frisch gepresst
Walnussöl
Salz
schwarzer Pfeffer, frisch gemahlen
Meerrettich, frisch gerieben

KARTOFFEL-DURCHEINANDER

500 g Kartoffeln
5 Zwiebeln
Olivenöl
veganer Räucherspeck
Salz
schwarzer Pfeffer, frisch gemahlen
500 g Bandnudeln, 100 % Hartweizen
Petersilie, frisch gehackt

❶ Rote-Bete-Knollen waschen und mit Schale in Salzwasser 30 Min. kochen. Knollen mit kaltem Wasser abschrecken, kurz abkühlen lassen und schälen. Dabei am besten Einweghandschuhe tragen.

❷ Rote Bete in feine Scheiben und diese in lange dünne Streifen schneiden.

❸ Apfel waschen, schälen und Kerngehäuse entfernen. Fruchtfleisch in dünne lange Stifte schneiden.

❹ Rote-Bete- und Apfelstifte in einer Schüssel mischen, mit frisch gepresstem Zitronensaft, Walnussöl, einer Prise Salz und frisch gemahlenem Pfeffer anmachen. Frisch geriebenen Meerrettich unter den Salat mischen und kurz im Kühlschrank ziehen lassen.

❺ Kartoffeln schälen, in große Würfel schneiden und in Salzwasser gar kochen.

❻ Inzwischen Zwiebeln schälen und fein würfeln, in einer Pfanne in reichlich Olivenöl goldbraun rösten.

❼ Veganen Räucherspeck fein Würfeln und kurz mit den Röstzwiebeln mitbraten.

❽ Gekochte Kartoffeln abgießen. Geröstete Zwiebeln und Speck mitsamt dem Olivenöl aus der Pfanne zu den Kartoffeln geben und mit einem Stampfer grob zerdrücken und mischen. Nach Geschmack mit frisch gemahlenem Pfeffer und Salz abschmecken.

❾ Bandnudeln in Salzwasser bissfest kochen, abgießen und unter die Zwiebel-Speck-Kartoffeln mischen.

Grenadier-Marsch mit frisch gehackter Petersilie bestreuen und heiß zum kalten Rote-Bete-Meerrettich-Salat servieren.

TIPP!

Reste vom Durcheinander können in der Pfanne wie eine Tortilla gebraten werden – etwas veganen Käse und einen Schuß Sojamilch untermischen und in Olivenöl braten!

★★★ VORBEREITUNG: 2 STD. ZUBEREITUNG: 60 MIN. PORTION: 5-6 PERSONEN ★★★

APFEL-PAPRIKA-GULASCH

mit Backofen-Kartoffeln

KARTOFFELSPALTEN

500 g Kartoffeln, festkochend
5 EL Olivenöl
1 TL Gemüsebrühepulver
schwarzer Pfeffer, frisch gemahlen

APFEL-PAPRIKA-GULASCH

1 große Zwiebel
1 rote Paprika
1 grüne Paprika
1 gelbe Paprika
1 Apfel, säuerliche Sorte
Pflanzenöl
1 TL Paprikapulver, edelsüß
1 TL Cayennepfeffer
300 ml Gemüsebrühe
200 ml Apfelsaft, naturtrüb
Salz
Pfeffer
Petersilie, frisch gehackt
120 g veganer Sauerrahm oder Soja-Joghurt natur

❶ Kartoffeln schälen, längs halbieren und in schmale Spalten schneiden. Olivenöl mit Gemüsebrühepulver verquirlen, die Kartoffelspalten damit übergießen und ausgiebig im Öl wenden. Spalten auf einem mit Backpapier ausgelegten Backblech verteilen und pfeffern. Bei 190 °C im vorgeheizten Ofen goldbraun backen.

❷ Für das Apfel-Paprika-Gulasch inzwischen die Zwiebel schälen und in sehr feine Spalten schneiden. Gelbe, grüne und rote Paprika waschen, vom Kerngehäuse befreien und in dünne Streifen schneiden.

❸ Apfel gründlich waschen, vierteln und Kerngehäuse herausschneiden. Die Apfelviertel in sehr feine Spalten schneiden, beiseitestellen.

❹ Pflanzenöl in einer hohen Pfanne erhitzen und die Zwiebelspalten darin glasig dünsten. Paprikastreifen hinzugeben und kurz anbraten.

❺ Paprikapulver und Cayennepfeffer hinzufügen und ca. 1 Min. bei mittlerer Hitze unter Rühren mit dem Gemüse anrösten.

❻ Mit der Hälfte der Gemüsebrühe aufgießen und die Apfelspalten vorsichtig untermengen. Die Pfanne mit einen Deckel bedecken und bei kleiner Hitze eine Welie köcheln lassen.

❼ Restliche Gemüsebrühe sowie naturtrüben Apfelsaft hinzufügen und untermengen, weitere 8–10 Min. ohne Deckel auf der Pfanne weiterköcheln lassen, bis die Sauce sämig wird. Mit frisch gemahlenem Pfeffer und Salz abschmecken, frisch gehackte Petersilie unterziehen.

❽ Veganen Sauerrahm oder Soja-Joghurt in einer Tasse mit 2–3 EL von der Sauce glatt rühren und unter das Apfel-Paprika-Gulasch ziehen.

TIPP! Als Beilage zum Apfel-Paprikagulasch schmecken auch Kartoffel-Knödel ganz wunderbar!

SERVIETTENKNÖDEL

mit Rahm-Pfifferlingen

SERVIETTENKNÖDEL

300 g trockenes Brot
500 ml Sojamilch natur, ungesüßt
Pflanzenöl
1 weiße Zwiebel
1 rote Zwiebel
½ Bund Petersilie, frisch gehackt
Handvoll Majoran, frisch
100 g Pflanzenmargarine. z. B. Alsan
Salz
schwarzer Pfeffer, frisch gemahlen
200 g Räuchertofu
2 EL Speisestärke

PILZRAHM

500 g Pfifferlinge, frisch
1 Zwiebel, fein gewürfelt
2 TL Paprikapulver, edelsüß
300 ml Gemüsebrühe
60 ml Sojasahne, flüssig
3 EL Soja-Joghurt
Salz
Pfeffer
½ Bund Petersilie, frisch gehackt

❶ Für die Serviettenknödel das trockene Brot klein würfeln und in eine Schüssel geben. Sojamilch aufkochen und die Brotstücke damit gleichmäßig übergießen und kurz vermengen. Die Schüssel mit einem Topfdeckel abdecken und 15 Min. ziehen lassen.

❷ Zwiebeln und Räuchertofu fein würfeln und in einer Pfanne mit Pflanzenöl goldbraun anbraten, dann beiseitestellen.

❸ Margarine cremig rühren und mit der fein gehackten Petersilie vermischen.

❹ Angebratene Zwiebeln und Tofuwürfel mitsamt dem Öl aus der Pfanne sowie Petersilienbutter, frisch gehacktem Majoran und Speisestärke zu den eingeweichten Brotstücken in die Schüssel geben. Nach Geschmack salzen und pfeffern und alles zu einem gleichmäßigen Knödelteig vermischen.

❺ Ein sauberes, ungefärbtes Geschirrtuch auf der Arbeitsfläche ausbreiten und darauf eine Schicht aus Frischhaltefolie legen. Die Knödelmasse auf der Folie verteilen und mit den Händen zu einer Rolle formen. Schließlich die Folie mitsamt dem Küchentuch darunter fest um die Knödelrolle wickeln und die Enden mit Küchengarn oder Draht festbinden.

❻ Den Serviettenknödel im Tuch in einem Topf mit Salzwasser bei geschlossenem Topfdeckel bei mittlerer Hitze garen lassen. Nach 40 Min. Garzeit den Serviettenknödel aus dem Wasser nehmen und im Tuch 60 Min. abkühlen lassen.

❼ Inzwischen die Pfifferlinge mit einem Pinsel von Erdresten säubern.

❽ Zwiebel schälen und in feine Würfel schneiden. Etwas Pflanzenöl in einer Pfanne erhitzen und die Zwiebelwürfel darin anschwitzen. Pfifferlinge hinzugeben und etwas anbraten. Paprikapulver hinzugeben und 1–2 Min. unter Rühren anrösten.

❾ Gemüsebrühe aufgießen und bei mittlerer Hitze 8–10 Min. köcheln lassen, bis die Flüssigkeit ein bisschen reduziert ist.

❿ Soja-Joghurt mit Sojasahne in einem Schälchen glatt rühren. Hitze reduzieren und Joghurt-Sahne-Mischung unter die Pilzsauce ziehen und 5 Min. weiterköcheln lassen. Pilzrahm mit frisch gemahlenem Pfeffer und Salz abschmecken. Frisch gehackte Petersilie unter die Sauce mengen.

⓫ Serviettenknödel aus dem Tuch nehmen und in Scheiben schneiden, wahlweise die Stücke kurz in Pflanzenfett in der Pfanne anbraten.

★★★ VORBEREITUNG: 30 MIN. KOCHZEIT: 10 MIN. PORTION: 4-5 PERSONEN ★★★

SALTIMBOCCA

auf würzigen Polenta-Talern

SALTIMBOCCA

8-10 Soja-Medaillons
500 ml Gemüsebrühe
Salbeiblätter, frisch
50 g Pflanzenmargarine, z.B. Alsan
VEGGIE-Räucherspeck
Olivenöl
250 ml Gemüsebrühe
125 g Maismehl/Polenta
schwarzer Pfeffer, frisch gemahlen

AUSSERDEM

Holzspießchen

❶ Soja-Medaillons in einer Schüssel mit heißer Gemüsebrühe übergießen und darin 15–20 Min. ziehen lassen. Anschließend mit der Hand ausdrücken und beiseitestellen.

❷ Salbeiblätter waschen und mit einem Küchenpapier trockentupfen. Je Medaillon ein Salbeiblatt zur Seite legen. Restliche Salbeiblätter in Streifen schneiden und beiseitestellen.

❸ Inzwischen Gemüsebrühe in einem Topf zum Kochen bringen. Unter ständigem Rühren nach und nach den Maisgrieß hineinstreuen. Polenta auf kleiner Hitze 8–10 Min. unter gelegentlichem Rühren köcheln lassen.

❹ Restliche gehackte Salbeiblätter unter den Maisbrei heben und heiße Polenta sofort auf eine mit Backpapier belegte Arbeitsfläche geben und mit einem Messer auf ca. 2 cm Höhe verstreichen und Oberfläche pfeffern. Etwa 30 Min. abkühlen lassen.

❺ Dünne Streifen vom Räucher-Schinkenspeck scheiden und jedes Soja-Medaillon mit je einem Stück veganem Speck belegen. Darauf ein ganzes Salbeiblatt platzieren und den Belag mit einem Holzspießchen fixieren.

❻ In einer Pfanne ausreichend Olivenöl erhitzen und die Saltimbocca von beiden Seiten einige Minuten anbraten.

❼ Die abgekühlte Polenta in Stücke schneiden oder mit einem Förmchen Taler ausstechen. 2–3 Esslöffel Olivenöl in einer Pfanne erhitzen und Polenta-Taler kurz von beiden Seiten goldbraun kross anbraten.

❽ Saltimbocca auf je einem Polenta-Taler platziert servieren.

TIPP!

Besondere Empfehlung: Salbeiblätter grob hacken und in 50 g zerlassener Pflanzenmargarine langsam knusprig braten. Dazu Kartoffelgnocchi und Saltimbocca – hmm!

★★★ ⚖ VORBEREITUNG: 30 MIN.   🍲 ZUBEREITUNG: 50 MIN.   🍽 PORTION: 6 PERSONEN ★★★

MACCHERONI-KUCHEN

Ein kerniger Leckerbissen

MACCHERONI-KUCHEN

500 g Maccheroni, 100 % Hartweizen
2 Zwiebeln, mittelgroß
250 g veganer Kochschinken
Olivenöl
Salz
schwarzer Pfeffer, frisch gemahlen
250 g veganer Sauerrahm
150 ml Sojamilch natur
100 g veganer Streukäse, geraspelt
150 ml Gemüsebrühe
250 g Erbsen, tiefgekühlt
1 Karotte
3 Stiele Majoran, gehackt
Muskatnuss, gerieben
1 EL Pflanzenmargarine
1–2 EL Semmelbrösel
veganer Parmesan

❶ Maccheroni in Salzwasser beinahe bissfest kochen. Im Nudelsieb abgießen, mit kaltem Wasser abschrecken und beiseitestellen.

❷ Zwiebeln schälen und fein würfeln. Veganen Kochschinken in feine Würfel schneiden.

❸ Etwas Olivenöl in einer hohen Pfanne erhitzen und Zwiebelwürfel darin anschwitzen. Kochschinken-Würfel zugeben und anbraten. Mit Salz und frisch gemahlenem Pfeffer würzen.

❹ Veganen Sauerrahm mit Sojamilch in einem Schälchen verquirlen und in die Pfanne geben. Geraspelten veganen Käse untermischen und unter langsamem Rühren bei mittlerer Hitze köcheln, bis der Käse gleichmäßig geschmolzen ist. Mit Gemüsebrühe aufgießen und tiefgekühlte Erbsen untermischen. Einige Minuten unter Rühren weiter köcheln lassen, bis eine cremige Konsistenz erreicht ist.

❺ Karotte schälen und mit einem Julienneschneider in sehr feine Streifen schneiden. Majoran fein hacken.

❻ Sauce vom Herd nehmen. Feine Karottenstreifen und gehackten Majoran untermischen, mit frisch geriebener Muskatnuß abschmecken.

❼ Auflaufform mit Margarine fetten und mit Semmelbröseln ausstreuen.

❽ ¾ der Gemüse-Sahnesauce gleichmäßig unter die abgekühlten Maccheroni mischen und in die Auflaufform verteilen. Restliche Sauce gleichmäßig auf der Oberfläche verteilen. Maccheroni-Kuchen im vorgeheizten Backofen bei 180 °C backen, bis die Oberfläche goldbraun und knusprig ist.

Maccheroni-Kuchen vor dem Servieren mit veganem Parmesan bestreuen.

TIPP!

Auch angebratener veganer Räucherspeck oder Tofu macht sich geschmacklich gut im Maccheroni-Kuchen!

★★★ VORBEREITUNG: 40 MIN.   BACKZEIT: 40-50 MIN.   PORTION: 6-8 PERSONEN ★★★

MOUSSAKA

Der Klassiker aus Griechenland

MOUSSAKA

800 g Kartoffeln, vorwiegend festkochend
1 große Aubergine
Salz
Pflanzenöl
4–5 Tomaten, in Scheiben geschnitten
200 g Soja-Granulat
1 l Gemüsebrühe
1 Zwiebel
1 TL Paprikapulver, edelsüß
1 TL schwarzer Pfeffer, gemahlen
Salz
1 Knoblauchzehe, fein gehackt
3 Stiele Oregano, fein gehackt
800 g Tomaten, geschält (Dose)
60 g Pflanzenmargarine, z. B. Alsan
2 gehäufte EL Mehl
100 ml Gemüsebrühe
300 ml Sojamilch natur
400 g Seidentofu
150 g veganer Hartkäse, gerieben
schwarzer Pfeffer, frisch gemahlen

❶ Kartoffeln mit Schale in Salzwasser gar kochen. Mit kalten Wasser abschrecken, pellen und in Scheiben schneiden.

❷ Aubergine gründlich waschen und in Scheiben schneiden, von beiden Seiten gründlich salzen und gut 20 Min. ruhen lassen, bis die Bitterstoffe ausgeschwitzt sind. Dann mit einem Papierküchentuch die Scheiben trocken tupfen.

❸ Etwas Pflanzenöl in einer Pfanne erhitzen und die Auberginenscheiben von beiden Seiten goldbraun braten. Scheiben auf ein Küchenpapier legen, um überschüssiges Fett abtropfen zu lassen.

❹ Soja-Granulat mit heißer Gemüsebrühe übergießen und 15–20 Min. darin ziehen lassen. Granulat in ein Sieb abgießen und die aufgenommene Flüssigkeit leicht ausdrücken. Brühe auffangen und ca. 100 ml davon beiseitestellen.

❺ Zwiebel schälen und sehr fein würfeln, in einer Pfanne mit Pflanzenöl glasig dünsten.

❻ Soja-Granulat dazugeben, Paprikapulver und gemahlenen Pfeffer untermischen, salzen und zusammen mit den Zwiebeln knusprig anbraten. Sehr fein gehackten Knoblauch und Oregano sowie Tomatenstückchen hinzugeben und unter gelegentlichem Rühren 10 Min. köcheln lassen.

❼ Margarine in einem Topf zerlassen und Mehl darin anschwitzen. Mit Brühe und Sojamilch aufgießen und unter Rühren 5 Min. köcheln lassen.

❽ Seidentofu in einem Teller grob mit einer Gabel zerdrücken und unter die Sauce heben.

❾ Auflaufform mit Pflanzenöl einfetten. Zuunterst die Kartoffelscheiben schichten, darauf das Tomatenhack verteilen. Gebratene Auberginen- und Tomatenscheiben dachziegelartig verteilen und schließlich die Seidentofu-Sauce darauf verstreichen. Geriebenen veganen Käse auf der Oberfläche verteilen und mit frisch gemahlenem Pfeffer würzen.

❿ Moussaka 40–50 Min. bei 180 °C im vorgeheizten Backofen backen.

★★★ ⏱ VORBEREITUNG: 40 MIN. 🍲 ZUBEREITUNG: 30 MIN. 🍽 PORTION: 4 PERSONEN ★★★

TAFELSPITZ MIT APFELKREN

und Herzogin-Kartoffeln

TAFELSPITZ
800 ml kräftige Gemüsebrühe
1 TL schwarze Pfefferkörner
2 Zweige Rosmarin
2 EL Sojasauce
1 TL Agavendicksaft
250 g Soja-Rinderfilets
Olivenöl
1 TL Puderzucker

HERZOGIN-KARTOFFELN
600 g Kartoffeln, mehlig
60 g Pflanzenmargarine
Sojadrink Natur
20 ml Sojasahne, ungeschlagen
1¼ TL Paprikapulver, edelsüß
Muskatnuss, frisch gerieben

APFELKREN
4 Äpfel, säuerliche Sorte
40 g Meerrettich, frisch gerieben
Saft von ½ Zitrone
1 TL Zucker
Salz

❶ Gemüsebrühe mit Pfefferkörnern und Rosmarinzweigen zum Kochen bringen. Vom Herd nehmen und mit Sojasauce sowie Agavendicksaft abschmecken.

❷ Soja-Rinderfilets in eine Schale legen und mit dem heißen Sud übergießen. 20–30 Min. ziehen lassen, dabei gelegentlich die Filetstücke wenden und in den Sud tauchen.

❸ Inzwischen Kartoffeln schälen und grob würfeln. Wasser salzen und zum Kochen bringen, die Kartoffelwürfel darin gar kochen.

❹ Gekochte Kartoffelwürfel abgießen und durch eine Kartoffelpresse drücken oder mit einem Kartoffelstampfer zu Brei verarbeiten. Margarine in kleine Stücke geschnitten dazugeben und gründlich unterrühren, dabei Sojamilch schluckweise ebenfalls untermischen. Kartoffelbrei schließlich mit Salz und geriebener Muskatnuss abschmecken.

❺ Kartoffelbreimasse in einen Spritzbeutel mit Sterntülle füllen und kleine Häufchen auf ein mit Backpapier belegtes Backblech spritzen.

❻ Flüssige Sojasahne in einer Tasse mit Paprikapulver verquirlen. Herzogin-Kartoffeln vorsichtig mit der Sahnemischung bepinseln und bei 180 °C im vorgeheizten Backofen goldbraun backen.

❼ Für den Apfelkren Äpfel schälen und raspeln. Meerrettich sehr fein reiben und unter die geraspelten Äpfel mischen. Apfelkrem mit Zitronensaft, Zucker und Salz abschmecken.

❽ Eingeweichte Soja-Filetstücke aus dem Sud nehmen und restliche Flüssigkeit leicht mit den Händen ausdrücken. Öl in einer Pfanne erhitzen und Filetstücke kurz von beiden Seiten anbraten. Etwas Puderzucker über die Stücke streuen und kurz weiterbraten.

Karamellisierte Filetstücke heiß aus der Pfanne mit den Herzogin-Kartoffeln und frischem Apfelkren servieren.

TIPP! Auch sehr lecker ist diese Kren-Variante: Äpfel im Rezept durch 3 Birnen ersetzen, mit Zitronensaft, Zucker und Salz sowie einem Schuß Sojasahne und gemahlenem Chili abschmecken.

★★★ VORBEREITUNG: 15 MIN. ZUBEREITUNG: 30 MIN. PORTION: 4 PERSONEN ★★★

PANIERTE AUBERGINEN

mit Risi-Bisi-Tomaten

PANIERTE AUBERGINEN

1 Aubergine
Salz
4–5 EL Ei-Ersatz-Pulver
12 EL Wasser
Mehl
Paniermehl
Pflanzenöl

RISI-BISI

3 EL Pflanzenöl
150 g Risottoreis
Wasser
Salz
150 g Erbsen, tiefgekühlt
4–6 Fleischtomaten
schwarzer Pfeffer, frisch gemahlen

❶ Aubergine gründlich waschen und in ca. 1½ cm dicke Ringe schneiden, von beiden Seiten gründlich salzen und so für 20 Min. beiseitestellen.
Das Salz entzieht der Frucht Flüssigkeit und die Bitterstoffe. Nach der Ruhezeit die Scheiben mit einem Papierküchentuch trocken tupfen.

❷ Inzwischen etwas Pflanzenöl in einem hohen Topf erhitzen und den Risottoreis unter Rühren darin glasig dünsten. Mit Wasser aufgießen, so dass der Reis bedeckt ist. Salz hinzugeben und bei halb geschlossenem Topfdeckel auf mittlerer Hitze köcheln lassen.
Gelegentlich vorsichtig umrühren und immer wieder ein bisschen Wasser nachgießen, wenn der Reis die gesamte Flüssigkeit aufgenommen hat.

❸ Tiefgekühlte Erbsen unter den Reis mischen, sobald er fast gar gekocht ist und mitkochen. Risi-Bisi vom Herd nehmen.

❹ Ei-Ersatz-Pulver in einem Suppenteller mit kaltem Wasser klumpenfrei verrühren. Paniermehl in einen zweiten Suppenteller füllen, Mehl in einen Dritten.

❺ Auberginenscheiben zunächst von beiden Seiten in Mehl wenden und dann in das angerührte Eiersatz tauchen. Mit einer Gabel herausnehmen und überschüssige Panier abtropfen lassen, dann sofort in den Teller mit Paniermehl geben und wenden.

❻ Ausreichend Pflanzenöl in einer Pfanne erhitzen und die panierten Auberginen von beiden Seiten darin goldbraun braten. Aus der Pfanne nehmen und auf Küchenpapier abtropfen lassen.

❼ Fleischtomaten gründlich waschen und Deckel abschneiden. Mit Hilfe eines Melonenstechers oder eines scharfkantigen Teelöffels das Fruchtfleisch herausschneiden. Ausgehöhlte Tomaten mit Risi-Bisi füllen, pfeffern und mit den panierten Auberginen anrichten.

TIPP! Kein Ei-Ersatzpulver zum Panieren zur Hand? Alternativ dazu einfach etwas Mehl mit einer Prise Salz und Sojamilch zu einer flüssigen Panier verquirlen!

★★★  VORBEREITUNG: 15 MIN. ZUBEREITUNG: 1 STD. PORTION: 4 PERSONEN ★★★

ENTE À L'ORANGE

Eine fruchtig-exotische Delikatesse

ENTE ORANGE

2 Schalotten
1 Karotte, mittelgroß
1 Süßkartoffel, klein
2 Orangen
Zitronenschale, frisch gerieben
200 ml Gemüsebrühe
50 ml Olivenöl
1 Rosmarinzweig
1 Lorbeerblatt
500 g VEGGIE Entenbrustfilet
2 TL Zucker
Schwarzer Pfeffer, frisch gemahlen
Salz
2 TL Balsamico-Creme

200 g Wildreis

❶ Schalotten schälen und in feine Spalten schneiden. Karotte schälen und in kleine Stücke schneiden. Süßkartoffel schälen und klein würfeln. Orangen und Zitrone gründlich waschen, Schale einer Orange sowie der Zitrone fein abreiben.

❷ Die Hälfte der Gemüsebrühe mit dem Olivenöl sowie ausgepressten Saft der abgeriebenen Orange verquirlen und in eine große Ofen-Auflaufform geben. Zwiebel-, Karotten- und Süßkartoffelstücke sowie Rosmarinzweig und Loorbeerblatt hinzufügen. Zweite Orange mit Schale halbieren und die Hälften mit den Schnittkanten nach unten in den Sud in die Ofenform legen.

❸ Vegane Entenfilets in der Auflaufform verteilen, die Stücke mit etwas vom öligen Sud bepinseln und bei 190 °C im vorgeheizten Backofen 30–40 Minuten braten. Dabei mehrmals während der Bratzeit die Filetstücke mit dem Sud übergießen.

❹ Die fertig gebratenen Entenfilets aus der Ofenform nehmen und warm stellen. Den Sud durch ein Küchensieb in eine Schüssel gießen, Lorbeerblätter und Rosmarin entfernen, Gemüsestücke herausnehmen und beiseitestellen. Die gebackenen Orangenhälften etwas abkühlen lassen, dann den restlichen Saft herauspressen und zum abgesiebten Sud geben. Restliche Gemüsebrühe aufgießen.

❺ Zucker in einer hohen Pfanne bei kleiner Hitze karamellisieren lassen, mit dem Orangen-Gemüsesud aufgießen und bei mittlerer Hitze 15–20 Min. köcheln.

❻ Gar gekochte Gemüsestücke mit dem Stabmixer fein pürieren und soviel zur Sauce in die Pfanne geben, bis die gewünsche Sämigkeit erreicht ist. Mit frisch gemahlenem Pfeffer, Salz und Balsamico-Creme abschmecken. Orangen- und Zitronenabrieb zugeben und etwa 5 Min. weiter köcheln.

❼ Wildreis nach Packungsanleitung zubereiten. Die warmen VEGGIE Entenfilets auf dem Reis anrichten und mit Orangensauce servieren.

★★★　VORBEREITUNG: 2 STD.　ZUBEREITUNG: 40 MIN.　PORTION: 4-5 PERSONEN　★★★

KARTOFFELKNÖDEL-ROLLE

an Feldsalat und Kirschtomaten

BOLOGNESE

250 g Soja-Granulat
500 ml Gemüsebrühe
1 Zwiebel, mittelgroß
1 Karotte, mittelgroß
1 TL schwarzer Pfeffer, gemahlen
1 TL Paprikapulver
40 g Tomatenmark
600 g-Tomaten (Dose)
½ Bund Petersilie, fein gehackt
1 Knoblauchzehe
Pfeffer, frisch gemahlen
750 g veganer Knödelteig halb und halb
Olivenöl zum Braten

500 g Feldsalat
200 g Kirschtomaten
Salz
schwarzer Pfeffer, frisch gemahlen

AUSSERDEM

Frischhaltefolie

❶ Soja-Granulat in eine Schüssel geben und mit heißer Gemüsebrühe übergießen. Etwa 20 Min. ziehen lassen.

❷ Eingeweichtes Soja-Granulat abgießen, dabei Gemüsebrühe auffangen und beiseitestellen. Granulat leicht mit den Händen ausdrücken.

❸ Zwiebeln schälen und fein würfeln. Karotte schälen und sehr fein würfeln. Knoblauch fein hacken.

❹ Olivenöl in einer großen Pfanne erhitzen und Zwiebeln darin anschwitzen. Karottenwürfel hinzugeben und unter gelegentlichem Rühren anbraten.

❺ Abgetropftes Soja-Granulat mit Paprikapulver und gemahlenem Pfeffer hinzufügen und auf hoher Stufe unter Wenden kurz anbraten. Tomatenmark untermischen und kurz mit anrösten.

❻ Tomatenstücke aus der Dose in die Pfanne geben. Frisch gehackte Petersilie sowie fein gehackten Knoblauch untermischen und 10 Min. bei mittlerer Hitze köcheln lassen.
Die Bolognese sollte eine relativ dicke Konsistenz haben, eventuell kann noch etwas von der beiseite gestellten Brühe aufgegossen werden. Mit Salz und etwas frisch gemahlenem Pfeffer abschmecken.

❼ Knödelteig einmal gründlich in einer Rührschüssel durchkneten und auf einer mit Frischhaltefolie belegten Arbeitsfläche auf Backblechgröße auswalken.

❽ Bolognese gleichmäßig auf dem Kartoffelteig verteilen und durch stückweises Anheben der Folie vorsichtig zu einer Rolle drehen. Am Ende des Vorgangs die Folie nicht unter der Rolle wegziehen, sondern den Strudel damit fest umwickeln. Die Rolle schließlich mit einer weiteren Schicht Folie fixieren und die Enden fest zusammendrehen. Bolognese-Rolle für 1–2 Stunden ins Tiefkühlfach legen.

❾ Gefrorene Rolle aus dem Kühlfach nehmen und Folien abziehen. Etwa 2 cm dicke Scheiben von der Rolle schneiden und auf ein mit Backpapier belegtes Blech platzieren. Scheiben mit Olivenöl bepinseln und im vorgeheizten Backofen bei 180 °C goldbraun backen.

Dazu Feldsalat und kurz gebratene Kirschtomaten (mit Salz, Pfeffer und Öl abgeschmeckt) servieren.

DESSERTS & KUCHEN

Was wäre das Leben ohne die süssen Leckereien? Fruchtige Torten, ofenwarme Kuchen, leckere Desserts und feine Teilchen – und alles vegan! 16 Vorschläge, wie man Gäste mit köstlichen veganen Süssspeisen verwöhnen, beindrucken und zum Nachbacken begeistern kann.

★★★   VORBEREITUNG: 30 MIN.   ❄ KALTSTELLZEIT: 2-6 STD.   PORTION: 5 PERSONEN   ★★★

JAMAICA-ROLLE

mit Kokos-Vanille-Füllung

TEIG
500 g vegane Kekse, fein gerieben
150 g Puderzucker
2 EL Kakaopulver
50 g Pflanzenmargarine, z. B. Alsan
3 EL Rum
100 ml Sojasahne, gesüßt
½ TL Zimt

FÜLLUNG
200 g feste Pflanzenmargarine, z. B. Alsan
200 g Kokosflocken, fein
200 ml Sojadrink Vanille
3 EL Weichweizengrieß
Zitronenschale, frisch gerieben
1 Päckchen Vanillezucker
150 g Puderzucker
Salz

AUSSERDEM
Frischhaltefolie
Alufolie

❶ Vegane Kekse mit den Händen grob zerbröseln und im Mixer fein mahlen. Keksbrösel mit Kakaopulver, Puderzucker und Zimt mischen. Margarine in kleinen Stücken hinzufügen und mit den Knethaken des Handrührgeräts unter die Kekse arbeiten. Flüssige Sahne und Rum hinzugeben und weiterrühren, bis ein gleichmäßiger Teig entsteht. Teigmasse mindestens 30 Min. im Kühlschrank kalt stellen.

❷ Vanille-Sojadrink in einem Topf mit einer Prise Salz aufkochen, Gries sowie frisch geriebene Zitronenschale hinzugeben und unter ständigem Rühren bei mittlerer Hitze zu einem festen Grießbrei kochen.
Brei abkühlen lassen, dabei ab und zu durchrühren, damit sich keine feste Haut an der Oberfläche bildet.

❸ Für die Kokoscreme Margarine mit Puderzucker und Vanillezucker mit dem Handrührgerät einige Min. cremig rühren. Abgekühlten Vanille-Grießbrei hinzugeben und einige Weile auf kleiner Stufe weiterrühren. Kokosflocken hinzufügen und gleichmäßig untermischen.

❹ Den abgekühlten Keksteig auf einer mit Frischhaltefolie ausgelegten Arbeitsfläche auslegen und mit den Händen grob zu einer rechteckigen Form von 2 cm Höhe andrücken. Eine Schicht Frischhaltefolie darauflegen und den Teig mit einem Nudelholz zwischen den Folien gleichmäßig ca. 5 mm dick rechteckig ausrollen.

❺ Die oberste Folie behutsam abziehen und die Kokoscreme-Masse vorsichtig über die gesamte Fläche auf dem Keksteig verstreichen.

❻ Durch Anheben der untergelegten Frischhaltefolie den Kuchen behutsam zu einer Rolle formen und schließlich mit der abgezogenen Folie fest umwickeln. Mit einer weiteren Schicht Alufolie umschließen, so dass die runde Form fixiert wird. Kokosrolle einige Stunden, besser über Nacht kalt stellen.

Kurz vor dem Servieren die Rolle von den Folien befreien und in Kokosflocken wälzen.

TIPP!
Für den Teig eignet sich jede Sorte Mürbteig-Keks, egal ob hell oder dunkel, mit oder ohne Schokodrops oder Nüssen!

★★★ VORBEREITUNG: 40 MIN. BACKZEIT: 30–40 MIN. PORTION: 8 PERSONEN ★★★

APFEL-PITE

Superfruchtige Sommerschnittchen

MÜRBETEIG
420 g Weizenmehl
200 g Pflanzenmargarine, kalt, z. B. Alsan
2 TL Ei-Ersatz-Pulver
Salz
140 g Zucker
5 EL Soja-Joghurt

FÜLLUNG
2½ kg Äpfel, säuerliche Sorte
3–4 EL Semmelbrösel
20 ml Sojasahne

AUSSERDEM
Mandelsplitter zum Bestreuen

❶ Äpfel schälen und Fruchtfleisch in mittelgroße Schnitze schneiden. Apfelstückchen in einen hohen Topf geben, nach Geschmack mit 3–4 EL Zucker süßen und unter gelegentlichem Umrühren bei kleiner Hitze auf dem Herd weich dünsten. Beiseite stellen und abkühlen lassen.

❷ Mehl in eine hohe Rührschüssel geben, Margarine in kleine Stücke geschnitten hinzufügen und die Zutaten zwischen den Handflächen zerreiben, bis das Pflanzenfett gleichmäßig unter dem Mehl verteilt ist. Ei-Ersatz-Pulver, eine Prise Salz, Zucker und Soja-Joghurt zugeben und mit den Händen zu einem gleichmäßigen Mürbeteig kneten. Etwas Mehl auf eine Arbeitsfläche streuen und den Mürbeteig nochmals gründlich durchkneten, zu einer Kugel formen und in Frischhaltefolie gewickelt gute 30 Min. im Kühlschrank kalt stellen.

❸ Abgekühlten Teig in zwei gleich große Hälften teilen und zu Kugeln formen. Arbeitsfläche gründlich bemehlen und eine Teigkugel mit dem Nudelholz auf Backblechgröße auswalken.

❹ Die Oberfläche der Teigplatte mit etwas Mehl bestreuen und vorsichtig locker um das Nudelholz wickeln. Der Teigboden lässt sich so leicht von der Arbeitsfläche anheben und anschließend auf einem mit Backpapier ausgelegten Backblech passgenau platzieren.
Den Kuchenboden auf dem Backblech mit einer Gabel in Abständen von ein paar Zentimetern einstechen und gleichmäßig mit Semmelbröseln bestreuen.

❺ Abgekühlte gedünstete Äpfel auf dem Mürbeteig-Boden auf dem Blech verteilen. Die zweite Mürbeteigkugel ebenfalls wie oben beschrieben zu einer Fläche in Backblechgröße auswalken, vorsichtig mit dem Nudelholz aufrollen und passgenau auf den Apfelbelag platzieren. Teigoberfläche wieder vorsichtig mit einer Gabel in regelmäßigen Abständen einstechen.

❻ Kuchenoberfläche gleichmäßig mit der flüssigen Sojasahne bepinseln, darauf die Mandelsplitter streuen.

❼ Apfel-Pite im vorgeheizten Backofen bei 180 °C ca. 30–40 Min. goldbraun backen. Fertigen Kuchen noch heiß in ca. 6 x 6 cm große Rechtecke schneiden.

★★★　⏲ VORBEREITUNG: 15 MIN.　🔥 BACKZEIT: 15–20 MIN.　🍽 PORTION: 4 PERSONEN　★★★

APFELROSEN

Eine hauchzarte Versuchung ...

APFELROSEN
2–3 rote Äpfel, säuerliche Sorte
200 ml Wasser
1 Msp. Zimt
1 Päckchen Vanillezucker
1–2 Zitronenscheiben (mit Schale)
1 Päckchen vegane Blätterteig-Rolle, à 275 g
25 g Pflanzenmargarine, z. B. Alsan
2 TL Zimt
4 EL Zucker

AUSSERDEM
Puderzucker zum Bestreuen

❶ Äpfel waschen, vierteln und Kerngehäuse entfernen, in feine, ca. 1,5 mm schmale Spalten schneiden.

❷ Wasser mit Zimt, Vanillezucker und Zitronenscheiben aufkochen. Apfelspalten hinzufügen und 3–4 Min. bei mittlerer Hitze im Sud köcheln lassen, bis die Apfelspalten leicht biegbar, jedoch nicht zu weichgekocht sind. Apfelspalten im Sieb abtropfen lassen und mit Küchenpapier trocken tupfen.

❸ Margarine bei kleiner Hitze in einem Topf zergehen lassen und den Blätterteigboden gleichmäßig damit bepinseln. Zimt und Zucker gründlich vermischen und gleichmäßig über den bestrichenen Blätterteigboden streuen.

❹ Teig entlang der kürzeren Seite in gleichmäßige, ca. 4 cm breite Streifen schneiden. Apfelspalten über die gesamte Länge nebeneinander auf die Blätterteigstreifen legen, die Schalenseite der Äpfel sollte dabei einige Millimeter über den Teigrand hinausragen. Teigstreifen mit dem Apfelbelag vorsichtig aufrollen.

❺ Die fertigen Rosen auf ein mit Backpapier ausgelegtes Backblech legen und leicht andrücken, so dass sie stabil auf der Fläche liegen. Im vorgeheizten Backofen bei 180 °C ca. 15–20 Min. goldgelb backen.

Apfelrosen vor dem Servieren mit Puderzucker bestreuen.

TIPP!
Bei diesem Rezept einfach mal die reichhaltige Palette der verschiedenen Apfelsorten ausprobieren – es lohnt sich!

★★★ VORBEREITUNG: 30 MIN. BACKZEIT: 30 MIN. PORTION: 4-6 PERSONEN ★★★

KOKOSWÜRFEL

Verführerische Kuchenhappen

TEIG

450 g Weizenmehl
225 g Zucker
1½ TL Speisestärke
1½ TL Backpulver
75 g Pflanzenmargarine, z.B. Alsan
3–4 EL Agavendicksaft
300 ml Sojamilch

SCHOKO-ÜBERZUG

350 g Pflanzenmargarine, z.B. Alsan
75 g Kakaopulver
Rum, Rum-Aroma oder Orangenlikör
100 ml Sojamilch

AUSSERDEM

Kokosraspel

❶ Mehl mit Speisestärke und Backpulver in einer Rührschüssel mischen und Margarine in kleine Stücke zerschnitten zugeben. Pflanzenfett und Mehl zwischen den Handflächen zerreiben, bis alles gleichmäßig vermischt ist. Zucker, Agavendicksaft und Sojamilch hinzufügen und mit dem Handrührgerät zu einem gleichmäßigen Teig kneten. Den festen Kuchenteig in eine mit Backpapier ausgelegte Kastenauflaufform geben und die Oberfläche mit dem Teigschaber glatt streichen. Bei 180 °C im vorgeheizten Backofen 30 Min. backen, in der Form abkühlen lassen.

❷ Margarine bei kleiner Hitze in einem Topf zergehen lassen. Kakaopulver sorgfältig untermischen, zuletzt Sojamilch unter ständigem Rühren hinzufügen, bis der Guss eine glatte, flüssige Konsistenz hat.
Vom Herd nehmen und nach Geschmack 1–2 EL Rum oder Orangenlikör untermischen.

❸ Den abgekühlten Kuchen in gleichmäßige quadratische Stücke schneiden. Kokosflocken in einem hohen Teller bereitstellen. Kuchenquadrate einzeln kurz von jeder Seite in den noch warmen Schokoladenguss dippen und sofort in den Kokosflocken wälzen.

TIPP!

Abgedeckt aufbewahrt halten sich die Kokoswürfel gut einige Tage und schmecken lange luftig und zart!

PFIRSICH-BLAUBEER-CRUNCH

Ein knusprig-fruchtiges Dessert

★★★   VORBEREITUNG: 40 MIN.   BACKZEIT: 20 MIN.   PORTION: 4 PERSONEN   ★★★

CRUNCHIES
75 g Pflanzenmargarine, z.B. Alsan
100 g Haferflocken
50 g Mehl
100 g brauner Zucker
Salz
1 TL Agavendicksaft

PFIRSICH-CREME
200 g vegane Schlagsahne, gesüßt
2 Päckchen Sahnesteif
2 Päckchen Vanillezucker
80 g veganer Frischkäse natur
50 g Puderzucker
1 Prise Zimt
120 g Pfirsiche aus der Dose
200 g veganer Sauerrahm

AUSSERDEM
Pistazienkerne, gehackt
250 g Blaubeeren

❶ Für die Haferflocken-Crunchies alle Zutaten zu einem gleichmäßigen Teig kneten. Die Masse auf die halbe Fläche eines mit Backpapier ausgelegten Backblechs drücken (ca. 0,5 cm Höhe) und im vorgeheizten Backofen bei 180 °C in 15–20 Min. goldbraun backen. Vollständig abkühlen lassen und anschließend mit den Händen in Stücke bröseln.

❷ Vegane Schlagsahne mit 2 Päckchen Sahnesteif und 2 Päckchen Vanillezucker steif schlagen. Veganen Frischkäse mit dem Puderzucker und einer Prise Zimt in einer Rührschüssel cremig schlagen. Veganen Sauerrahm sowie 60 ml vom Pfirsichsaft aus der Dose unterrühren. Pfirsiche fein würfeln und zusammen mit der geschlagenen Sahne gleichmäßig unter die Creme heben.

❸ Je 1–2 EL der Pfirsich-Creme in Dessertgläser oder Schälchen geben. Darauf eine Handvoll Blaubeeren verteilen und mit Haferflocken-Crunchies bestreuen, darauf wieder eine Schicht Creme, und so weiter.

Die oberste Cremeschicht mit frischen Blaubeeren und gehackten Pistazien dekorieren.

TIPP! *Die Haferflocken-Crunchies können auf Vorrat gehalten werden und peppen jedes Fruchtmüsli-Frühstück auf!*

★★★ ⏲ VORBEREITUNG: 40 MIN.   🥄 BACKZEIT: 2 x 25 MIN.   🍽 PORTION: 4 PERSONEN ★★★

MANDEL-TARTE
Schwedengebäck zur Tea-Time

TORTENBODEN
40 g MyEy Ei-Ersatz-Pulver
200 ml Wasser
8 EL Zucker
400 g Mandeln, gemahlen

KAKAO-CREME
1 Päckchen Puddingpulver Vanille
2 EL Kakaopulver, entölt
3 EL Zucker
1 TL Kaffeepulver
200 ml Sojamilch Natur
100 g Pflanzenmargarine, zimmerwarm, z. B. Alsan

VANILLE-CREME
1 Päckchen Puddingpulver Vanille
300 ml Sojamilch Vanille
100 g vegane weiße Schokolade
1 EL Zucker

AUSSERDEM
Mandelstifte, geröstet
100 g Zartbitterschokolade

① Ei-Ersatz-Pulver und Wasser in einer Rührschüssel mit dem Handrührgerät 5 Min. mixen. Nach und nach Zucker zugeben und weitere 3–4 Min. weiterrühren, bis eine sehr feste Konsistenz erreicht ist. Gemahlene Mandeln in drei Etappen hinzufügen und mit einem Löffel behutsam unter den Eiweißschaum heben, bis ein homogener glatter Teig entsteht.

② Eine runde Springform mit Backpapier auskleiden und die Hälfte des Mandelteiges gleichmäßig darin verstreichen.
Bei 170 °C im vorgeheizten Backofen 10 Min. backen, dann mit einer Gabel einige Male in die Kuchenoberfläche stechen und weitere 10 Min. fertig backen.
Aus dem restlichen Teig eine weitere Kuchenplatte backen. Beide abkühlen lassen.

③ Vanille-Puddingpulver mit Zucker und Kakao sowie 7–8 EL Sojadrink glatt rühren. Die Masse in einen kleinen Topf geben, restliche Sojamilch gründlich untermischen und bei mittlerer Hitze unter ständigem Rühren mit einem Kochlöffel zu einem sehr festen Pudding kochen. Den Pudding im Topf in ein kaltes Wasserbad stellen, unter regelmäßigem Rühren abkühlen lassen und Kaffeepulver untermischen.

④ Margarine cremig rühren und gleichmäßig unter die abgekühlten Kakaocreme mischen. Bis zur Weiterverarbeitung in den Kühlschrank stellen.

⑤ Für die Vanillecreme Puddingpulver mit Zucker und 4–5 EL Vanille-Sojadrink glatt rühren. Masse in einen kleinen Topf geben, gründlich mit der restlichen Vanillemilch vermengen und bei mittlerer Hitze unter ständigem Rühren zu einem festen Pudding kochen. Topf vom Herd nehmen und vegane weiße Schokolade in kleinen Stücken zugeben und unter Rühren schmelzen lassen. Creme im kalten Wasserbad abkühlen lassen.

⑥ Einen Mandel-Tortenboden mit der Vanillecreme bestreichen und den zweiten Tortenboden passgenau auflegen. Die Kuchenoberfläche sowie die Seiten mit der abgekühlten Schokoladen-Kaffee-Creme bestreichen.

⑦ Mandelsplitter in einer Pfanne ohne Öl anrösten, bis sie duften und leicht gebräunt sind.
Zartbitter-Schokolade im Wasserbad schmelzen und hauchdünn auf einer glatten und ebenen Glasfläche verstreichen, im Kühlschrank fest werden lassen.
Mit einem Spachtel die kalte Schokolade von der Fläche schaben. Die Tortenoberfläche mit gerösteten Mandelsplittern und Schokoladenraspeln bestreuen.

★★★ VORBEREITUNG: 1 STD.   GARZEIT: 20 MIN.   PORTION: 4 PERSONEN ★★★

VANILLE-DAMPFNUDELN

Ein fluffig-vanilliger Genuss!

DAMPFNUDELN

375 ml Sojadrink Vanille
30 g Frischhefe
4 EL Zucker
75 g Pflanzenmargarine, z. B. Alsan
1 EL Ei-Ersatz-Pulver
3 EL Wasser
250 g Weizenmehl
¼ TL Salz
2 Päckchen Vanillezucker

KIRSCHEN-KOMPOTT

1 Glas Schattenmorellen
1 EL Speisestärke
1 Päckchen Vanillezucker

❶ 125 ml von der Vanille-Sojamilch in einem Topf erwärmen. Frischhefe in eine kleine Schale zerbröseln und mit 1 EL Zucker und 3 TL von der warmen Vanillemilch glatt rühren. Hefemasse unter die restliche lauwarme Vanillemilch rühren und abgedeckt an einem warmen Platz etwa 20 Min. gehen lassen.

❷ 50 g Pflanzenmargarine schmelzen. 1 EL Ei-Ersatz-Pulver mit 3 EL Wasser klumpenfrei rühren. Mehl mit 3 EL Zucker und ¼ TL Salz in einer Rührschüssel mischen. Geschmolzene Margarine, angerührten Ei-Ersatz und hochgegangene Hefe-Vanillemilch dazugeben und mit den Knethaken des Handrührgeräts zu einem glatten Teig verarbeiten. Teig in 4 gleich große Portionen teilen und mit den Händen zu Kugeln formen, diese mit einem Küchentuch bedeckt an einem warmen Platz 30 Min. gehen lassen.

❸ Restliche Vanillemilch mit 2 Päckchen Vanillezucker verquirlt in eine hohe Pfanne mit Deckel geben. 25 g Margarine zugeben und bei mittlerer Hitze in der Vanillemilch zergehen lassen, unter Rühren ca. 1 Min. zusammen köcheln lassen.

❹ Die vier hochgegangenen Hefeteigkugeln in der Pfanne platzieren und bei geschlossenem Deckel 5 Min. in der Vanillemilch köcheln lassen. Hitze verringern und etwa 10 Min. fertiggaren, bis die Flüssigkeit aufgenommen ist.

❺ Kirschen aus dem Glas abgießen, Saft auffangen. 100 ml vom Kirschsaft mit Speisestärke und Vanillezucker glatt vermischen und bei mittlerer Hitze unter Rühren langsam aufkochen. Sobald die Stärke bindet, schluckweise weiter Kirschsaft hinzugeben, bis die gewünschte Konsistenz erreicht ist, dann Kirschen dazugeben und kurz weiterköcheln lassen.

Dampfnudeln heiß mit Kirschkompott servieren.

TIPP!
Für ein leckeres Topping einfach frisch gemahlenen Mohn mit etwas Vanillemilch verquirlen!

★★★ VORBEREITUNG: 2–3 STD. BACKZEIT: 30–40 MIN. PORTION: 4–5 PERSONEN ★★★

ÜBERBACKENE PALATSCHINKEN
mit Dillcreme-Füllung

PALATSCHINKEN
350 g Weizenmehl
2 EL Zucker
Salz
550 ml Sojamilch Natur
180 ml Mineralwasser, mit Kohlensäure
Sonnenblumenöl

FÜLLUNG
225 g veganer Sauerrahm
400 g Soja-Joghurt natur
1 Handvoll Rosinen
1–2 EL Rum (optional)
½ Bund Dill, frisch gehackt
2 EL Zucker
2 Päckchen Vanillezucker
Zitronenschale, frisch gerieben

AUSSERDEM
Semmelbrösel
1 EL Pflanzenmargarine zum Fetten der Form
1 Päckchen Vanillesaucenpulver
400 ml Sojamilch Vanille

❶ Mehl, Zucker und Salz in einer Rührschüssel mischen. 250 ml von der Sojamilch zugeben und mit dem Kochlöffel zu einem zäh-festen, gleichmäßigen Teig schlagen. Nach und nach die restliche Sojamilch schluckweise unterrühren, bis eine zähflüssige Konsistenz erreicht ist. Zuletzt Mineralwasser schluckweise unterrühren.

❷ Etwa einen Teelöffel voll Sonnenblumenöl in einer großen Pfanne verteilen und erhitzen. Je eine Suppenkelle Teig in der heißen Pfanne verteilen und von beiden Seiten zu dünnen, goldgelben Palatschinken braten. Die Teigmenge ergibt 7–8 Palatschinken.

❸ Rosinen in ein Schälchen geben und mit heißem Wasser bedecken (evtl. 2–3 EL Rum hinzufügen). Rosinen 15 Min. quellen lassen und abgießen, evtl. mit den Händen restliche Flüssigkeit ausdrücken).

❹ Ein Küchensieb mit einem sauberen, trockenen und dünnen Geschirrtuch auslegen und auf eine Schüssel legen. Soja-Joghurt in das Tuch füllen und die Tuchenden übereinanderschlagen. Joghurt 2–3 Stunden stehen lassen, bis er die Flüssigkeit in die Schale abgegeben hat und eine quarkähnliche Masse im Sieb zurückbleibt.

❺ Veganen Sauerrahm in einer Schüssel mit dem abgetropften Sojaquark verrühren und mit Vanillezucker, Rohrzucker und frisch geriebener Schale von einer unbehandelten Zitrone abschmecken. Eingeweichte Rosinen und frisch gehackten Dill unter die Creme mischen.

❻ Auflaufform mit etwas Margarine einfetten und mit Semmelbröseln bestreuen. Palatschinken mit der Dill-Quarkcreme bestreichen, aufrollen und nebeneinander in die Auflaufform legen. Vanille-Sojamilch aufkochen und mit dem Saucenpulver zu einer Vanillesauce rühren, diese heiß über die Palatschinken gießen und eine Handvoll Semmelbrösel auf die Oberfläche streuen. Im vorgeheizten Backofen bei 180 °C ca. 30–40 Min. backen, bis die Oberfläche eine schöne goldbraune Färbung annimmt.

Auch als Palatschinken-Kuchen ein Hit: die runden Palatschinken abwechselnd mit der Füllung direkt in eine runde Springform schichten und überbacken - abkühlen lassen und wie eine Torte schneiden!

TIPP!

★★★ VORBEREITUNG: 1½ STD.   BACKZEIT: 15 MIN.   PORTION: 6 PERSONEN ★★★

SOFTCAKES
Zartschmelzende Glücklichmacher

TEIG
130 g Weizenmehl
5 g Natron
1½ EL Maismehl
½ Päckchen Backpulver
100 g Zucker
200 ml Sojamilch natur
2 EL Sonnenblumenöl

ORANGENGELEE
400 ml Orangensaft, frisch gepresst
25 g Gelierfix (3:1)
170 g Zucker
½ Zitrone, unbehandelt
Zitronenschale, frisch gerieben

GUSS
vegane Kuvertüre, zartbitter

AUSSERDEM
Klarsichtfolie

❶ Für den Softcake-Teig alle trockenen Zutaten in einer Rührschüssel mischen. Sonnenblumenöl grob unterrühren. Sojamilch hinzugeben und mit dem Handrührgerät einige Minuten zu einem glatten gleichmäßigen Teig rühren. Frisch geriebene Zitronenschale untermischen.

❷ Kuchenteig in einen Spritzbeutel füllen und kleine Haufen von 30–35 mm auf ein mit Backpapier belegtes Backblech spritzen, dabei ca. 2 cm Abstand zwischen den Teighäufchen lassen. Bei 180 °C im vorgeheizten Backofen ca. 10–15 Min. zu goldgelben Talern backen. Teigtaler auf dem Blech abkühlen lassen und vom Backpapier lösen.

❸ Orangen- und Zitronensaft aus frischen Früchten pressen und Flüssigkeit in einen kleinen Topf geben. Geliermittel mit 1 EL Zucker mischen, gründlich unter den Saft mischen und zusammen unter ständigem Rühren aufkochen, währenddessen den restlichen Zucker unterrühren und ca. 5 Min. nicht aufhören zu rühren. Topf vom Herd nehmen und Fruchtgelee durch ein feines Küchensieb in eine Schale streichen, fein geriebene Zitronenschale untermischen und anschließend 5 Min. abkühlen lassen.

❹ Inzwischen eine ebene Arbeitsfläche, z. B. ein großes Schneidebrett, mit Klarsichtfolie bedecken. Das noch heiße Orangengelee vorsichtig auf die mit Folie bedeckte Arbeitsfläche gießen und mit einem Spachtel auf 5 mm Dicke glatt streichen. Die Arbeitsfläche mit dem Gelee für 30 Min. im Kühlschrank kalt stellen.

❺ Mit Hilfe eines Schnapsglases oder etwas Ähnlichem kleine Taler aus dem erkalteten Orangen-Gelee stechen. Softcake-Taler umdrehen und je ein Stück Geleebelag auf der ebenen Oberfläche platzieren.

❻ Zartbitter-Kuvertüre im Wasserbad schmelzen. Die mit Gelee belegten Cake-Taler mit jeweils 1 EL von der flüssigen Schokolade übergießen und die Glasur zart mit dem Löffelrücken auf der Oberfläche verteilen.

Die Softcakes nebeneinander auf eine ebene Platte legen und sofort für 10–15 Min. zum Abkühlen ins Tiefkühlfach stellen, damit der Schokoladenüberzug sofort erkaltet und die Kuchentaler mit der Füllung zusammenhält.

> **TIPP!** Macarons-Backmatten eignen sich prima zur Herstellung des Orangengelee-Belags. Einfach löffelweise in die Vertiefungen gießen und erkalten lassen, so gibt es keinen Überschuß!

★★★ VORBEREITUNG: 40 MIN. BACKZEIT: 25-30 MIN. PORTION: 4-5 PERSONEN ★★★

NUSS-BREZEN

Feines Gebäck, das süchtig macht

TEIG

200 g Haselnüsse, gemahlen
Msp. Zimt
Salz
1 Zitrone, unbehandelt
5 EL Rum oder einige Tropfen Rum-Aroma
2 EL Aprikosenmarmelade
200 g Marzipanrohmasse
2 Päckchen vegane Blätterteig-Rolle, à 275 g
50 g Pflanzenmargarine

GUSS

10 EL Puderzucker
1 EL Zitronensaft, frisch gepresst
Mandelsplitter oder Nusskrokant, geröstet

❶ Haselnüsse in einer Pfanne ohne Fett anrösten, bis sie eine leichte Bräunung haben und ein feines Nussaroma entfalten.

❷ Geröstete Nüsse mit Zimt, Salz, Zitronenschale, Rum, Marmelade und Marzipan zu einer homogenen Masse verkneten.

❸ Blätterteigplatten auf der Arbeitsfläche entrollen. Margarine schmelzen und die Oberflächen beider Teigrollen mit dem Fett bepinseln.

❹ Nuss-Marzipan-Masse zwischen zwei Frischhaltefolien auf Blätterteigboden-Größe ausrollen, obere Folie entfernen, mithilfe der unteren Folie anheben und so den Nussbelag vorsichtig passgenau auf einen der Blätterteigböden schichten. Den zweiten Blätterteig mit der eingefetteten Seite nach unten auf die Nussfüllung legen. Mit den Händen sanft die Oberfläche andrücken, damit die Schichten gut aufeinander haften.

❺ Teigplatte in ca. 2 cm breite, gleichmäßige Streifen schneiden, diese vorsichtig voneinander lösen und zwirbeln. Aus den gezwirbelten Stangen Brezeln drehen, diese auf ein mit Backpapier ausgelegtes Backblech legen und bei 180 °C ca. 15–20 Min. goldbraun backen.

❻ Puderzucker und einen Spritzer Zitronensaft zu einem zähflüssigen Guss verrühren, mit einem Teelöffel auf die fertigen warmen Brezeln gießen und mit gerösteten Mandelsplittern oder Nusskrokant bestreuen.

TIPP!

Das Drehen der Brezeln erfordert etwas Übung – als gedrehte Stangen oder Kringel gebacken schmeckt dieses Rezept genauso gut!

★★★ VORBEREITUNG: 4–6 STD.   GARZEIT: 8–10 MIN.   PORTION: 5 PERSONEN ★★★

QUARK-NOCKERL
mit Waldbeer-Sauce

QUARK-NOCKERL
500 g Soja-Joghurt
225 g veganer Sauerrahm
14 EL Weichweizengrieß
2 EL Strudelmehl
3 TL Ei-Ersatz-Pulver
Salz
6 EL Zucker
2 Päckchen Vanillezucker
Semmelbrösel
Sonnenblumenöl

FRUCHTSAUCE
Beerenmischung, tiefgekühlt oder frisch
1 EL Speisestärke
Zucker nach Geschmack

AUSSERDEM
Puderzucker

❶ Küchensieb mit einem sauberen, dünnen Küchentuch auslegen und in eine Schüssel hängen. Soja-Joghurt ins Tuch geben, die Enden darüber umschlagen und den Joghurt so mindestens 2 Stunden, am besten aber über Nacht stehen lassen, bis er Flüssigkeit in die Schüssel abgelassen hat und eine Quarkmasse im Tuch zurückbleibt.

❷ Sojaquark mit dem Sauerrahm mischen, Grieß, Mehl, Ei-Ersatz-Pulver sowie eine Prise Salz, Zucker und Vanillezucker unterrühren. Masse abgedeckt 2 Stunden im Kühlschrank quellen lassen.

❸ Etwas Pflanzenöl in einer Pfanne erhitzen und die Semmelbrösel darin anrösten und beiseitestellen.

❹ 1–1½ l Wasser in einem hohen Topf zum Kochen bringen. Sobald das Wasser kocht, die Flamme auf mittlere Hitze regulieren.

❺ Eine Tasse mit kaltem Wasser sowie 2 Esslöffel bereitstellen. Je 1 gehäuften EL von der Quark-Grieß-Masse nehmen und mit der Innenseite des zweiten Löffels auf beiden Seiten die Masse glatt streichen, so entsteht eine schöne Nockerlform. Nach jedem Arbeitsgang beide Löffel in der Tasse mit Wasser anfeuchten.
Den Löffel ins köchelnde Wasser halten und das Nockerl behutsam ins Wasser gleiten lassen. So mit der restlichen Masse verfahren. Die Nockerln sind fertig, wenn sie auf der Wasseroberfläche schwimmen, und können dann mit einer Kelle herausgenommen werden.

❻ Fertige Nockerln sofort heiß in den gerösteten Semmelbröseln wälzen.

❼ Beerenmischung in einem Topf aufkochen, nach Geschmack süßen und mit Speisestärke unter Rühren binden.

Nockerln mit Puderzucker bestreuen und mit heißer Beerensauce servieren.

TIPP! Für eine besonders aromatische Panade fein gehackte geröstete Nüsse unter die Semmelbrösel mischen!

★★★ VORBEREITUNG: 1¼ STD. BACKZEIT: 20–25 MIN. PORTION: 8–10 PERSONEN ★★★

NUSSHÖRNCHEN

Mein unwiderstehliches Lieblingsgebäck

TEIG

1 Würfel Frischhefe
400 g Weizenmehl
Salz
2 TL Ei-Ersatz-Pulver
170 g Pflanzenmargarine, z. B. Alsan
30 g Zucker
125 ml Sojamilch Vanille

FÜLLUNG

200 g Walnüsse, frisch gemahlen
1 Zitrone, unbehandelt
150 g Zucker
50 ml Sojamilch Vanille

AUSSERDEM

½ Päckchen Puderzucker
2 Päckchen Vanillezucker

❶ Hefewürfel in einer Tasse zerbröseln und mit 1 TL Zucker sowie 1 EL Sojamilch glatt rühren. Hefemasse in einen hohen Behälter geben und zugedeckt 20 Min. an einem warmen Ort gehen lassen.

❷ Mehl, Salz und Ei-Ersatz-Pulver in einer Rührschüssel mischen. Margarine in kleine Stücke geschnitten hinzugeben und die Zutaten zwischen den Handflächen durch Reiben ineinander arbeiten, bis das Pflanzenfett gleichmäßig unter das Mehl verteilt ist.

❸ Hochgegangene Hefe, Zucker sowie eine Prise Salz grob mit den Knethaken des Handrührgeräts mischen. Schließlich Sojamilch Vanille hinzugießen und alles einige Minuten lang zu einem glatten Teig kneten.

❹ Den Teig auf einer bemehlten Arbeitsfläche nochmals 1–2 Min. mit den Händen weiterkneten und zu einer Kugel formen. Teigkugel in vier gleich große Teile schneiden und nochmals jedes Stück mit den Händen gründlich durchkneten und zu je einer Kugel formen. Die vier Hefeteig-Kugeln mit einem Küchentuch bedecken und 30 Min. an einem warmen Platz gehen lassen.

❺ Jede der vier Teigkugeln erneut vierteln und mit den Händen zu Kugeln kneten. Diese wiederum halbieren und wieder zu kleinen Teigkugeln kneten. Die 32 walnussgroßen Hefeteig-Kügelchen auf einer bemehlten Arbeitsfläche nebeneinander legen und mit einem Tuch abgedeckt nochmals 20 Min. gehen lassen.

❻ Für die Füllung Walnusskerne frisch fein mahlen und mit der frisch geriebenen Schale einer unbehandelten Zitrone mischen. Zucker und Vanille-Sojamilch hinzugeben und alles zu einer homogenen Masse rühren.

❼ Die Hefeteig-Kügelchen mit dem Nudelholz auf 10–12 cm Durchmesser rund auswalken. In die Mitte jedes Teigstückes 1–2 TL von der Nussfüllung geben. Die Teigfläche mittig umschlagen, dabei den Teig etwas überlappen lassen. Die Teigenden zusammendrehen und zu Hörnchen umschlagen.

❽ Nusshörnchen mit etwas Abstand nebeneinander auf ein mit Backpapier ausgelegtes Backblech platzieren und bei 170 °C im vorgeheizten Backofen 20–25 Min. goldgelb backen.

❾ Puderzucker und Vanillezucker gründlich mischen und die Nusshörnchen sofort nach dem Backen heiß in der Zuckermischung wälzen.

★★★ VORBEREITUNG: 1 STD.   BACKZEIT: 30-40 MIN.   PORTION: 5-6 PERSONEN ★★★

WESPENNEST

Saftiger Hefekuchen mit Walnüssen

TEIG

500 g Weizenmehl
1 Würfel Frischhefe
½ TL Zucker
3 TL Sojamilch
3 TL Ei-Ersatz-Pulver
300 ml Sojamilch Vanille
Salz
30 g Zucker

FÜLLUNG

150 g Pflanzenmargarine, z. B. Alsan
150 g Zucker
200 g Walnüsse, frisch gemahlen

AUSSERDEM

125 ml Sojamilch
2 Päckchen Vanillezucker

❶ Frischhefe in eine hohe Tasse zerbröseln, mit ½ TL Zucker und 3 TL lauwarmer Sojamilch glatt rühren. Mit einem Küchentuch abgedeckt an einem warmen Platz 30 Min. gehen lassen.

❷ Mehl mit einer Prise Salz, Ei-Ersatz-Pulver und Zucker in einer Rührschüssel mischen. Die aufgegangene Hefe sowie Vanille-Sojadrink zugeben und grob mit dem Handrührgerät kneten. Teig auf eine gründlich bemehlte Arbeitsfläche legen und einige Minuten weiter mit beiden Händen kneten, bis ein glatter und seidiger Hefeteig entsteht. Teig zu einer Kugel formen und mit einem trockenen Tuch bedeckt an einem warmen Platz weitere 30 Min. gehen lassen.

❸ Margarine mit dem Zucker cremig schlagen. Walnusskerne frisch mahlen.

❹ Den fertigen Hefeteig mit dem Nudelholz auf einer gut bemehlten Arbeitsfläche rechteckig 3 mm dünn ausrollen. Die Zucker-Butter-Creme gleichmäßig auf der ganzen Fläche des Teigs verstreichen, darauf die gemahlenen Walnüsse verstreuen. Den Teig von der Längsseite her aufrollen und mit einem scharfen Messer 4 cm breite Scheiben von der Teigrolle abschneiden.

❺ Den Boden einer Springform mit Backpapier auslegen und die Stücke mit den Schnittkanten nach unten in der Form verteilen. Bei 180 °C im vorgeheizten Backofen 30 Min. backen, bis das Wespennest eine goldbraune Oberfläche zeigt.

❻ Sojamilch mit Vanillezucker aufkochen. Jedes einzelne Kuchenstück mit je 1 EL von der heißen Sojavanille übergießen und den Kuchen für weitere 5 Min. in den Ofen zurückschieben.

TIPP!

Wespennester lassen sich sehr gut einfrieren und in der Mikrowelle wieder auftauen – warm schmecken sie nämlich am besten!

★★★ ⏲ VORBEREITUNG: 1½ STD.   🍳 BACKZEIT: 20 MIN.   🍽 PORTION: 8–10 PERSONEN ★★★

BESCHWIPSTE KRAPFEN

mit Rum-Aprikosen-Marmelade

HEFETEIG

800 ml Sojamilch Vanille
1 Würfel Frischhefe
4 EL Zucker
1 kg Weizenmehl
1 gestrichener EL Salz
1 EL Sonnenblumenöl
½ l Sonnenblumenöl

FÜLLUNG

250 g Aprikosenmarmelade
2 EL Rum

AUSSERDEM

Puderzucker zum Bestreuen

❶ Vanille-Sojamilch in einem Topf erwärmen. Hefe in eine Tasse zerbröseln und mit 1 EL von der Vanillemilch und 1 EL Zucker glatt rühren. Die Hefemasse unter die restliche warme Sojamilch mischen. Topf mit einem Küchentuch bedecken und 20 Min. an einem warmen Platz gehen lassen.

❷ Mehl in einer großen Rührschüssel mit Salz und 3 EL Zucker mischen. 1 EL Öl sowie die hochgegangene Hefe-Vanillemilch zugeben und mit den Knethaken zu einem geschmeidigen Teig verarbeiten. Rührschüssel mit einem Tuch abdecken und Teig weitere 60 Min. gehen lassen.

❸ Arbeitsfläche gründlich mit Mehl bestreuen und den Hefeteig etwa 2 cm dick ausrollen. Mit einem Trinkglas von etwa 6 cm Durchmesser runde Krapfen ausstechen und mit zwei Fingern eine kleine Mulde tief in die Mitte drücken.

❹ Sonnenblumenöl in einer hohen Pfanne erhitzen und die Krapfen vorsichtig hineingeben, Krapfen von beiden Seiten goldbraun braten und nach dem Herausnehmen zum Abtropfen auf ein Küchenpapier legen.

❺ Aprikosenmarmelade mit Rum vermischen und kurz unter Rühren im Topf erhitzen. Je einen Teelöffel von der Füllung in die Vertiefung der Krapfen geben.

Beschwippste Krapfen vor dem Servieren mit Puderzucker bestreuen.

Beschwippste Krapfen schmecken auch köstlich mit einer Füllung aus cremigem Vanillepudding!

TIPP!

★★★ ⏲ VORBEREITUNG: 15 MIN.   BACKZEIT: 30 MIN.   PORTION: 4 PERSONEN ★★★

RHABARBER-OFENSCHLUPFER

mit einem Hauch Erdbeer und Vanille

OFENSCHLUPFER

3–4 Rhabarberstangen
Pflanzenmargarine, z. B. Alsan
Semmelbrösel
6–8 Scheiben Baguettebrot
Erdbeermarmelade
150 ml Sojamilch Vanille
100 ml Sojasahne
30 g brauner Zucker
2 Päckchen Vanillezucker
1 EL Vanille Puddingpulver

AUSSERDEM

Puderzucker
Minze

❶ Auflaufform mit Margarine einfetten und mit Semmelbröseln bestreuen. Baguette in Scheiben schneiden, großzügig mit Pflanzenmargarine und Erdbeermarmelade bestreichen und in die Form schlichten.

❷ Die faserigen Teile vom Rhabarber abschälen und die Frucht in feine Stücke schneiden. Rhabarberstücke zwischen und um die bestrichenen Baguettescheiben platzieren.

❸ Vanille-Sojamilch mit der Sojasahne, dem braunen Zucker und dem Vanillezucker verquirlen, zusammen in einem kleinen Topf kurz aufkochen. Puddingpulver in einer kleinen Schale mit 4 EL von der Vanillemilch glatt rühren und unter die restliche Vanillemilch mischen.

❹ Warme Vanillemilch gleichmäßig über die Brotscheiben in der Auflaufform gießen und eine Handvoll braunen Zucker auf der Oberfläche verstreuen.

❺ Rhabarber-Ofenschlupfer im vorgeheizten Backofen bei 180 °C ca. 25–30 Min. backen, bis der Rhabarber gar und die Brotkruste goldbraun knusprig ist.

Ofenschlupfer mit Puderzucker bestreuen und warm mit Minze garniert servieren.

TIPP!

Ofenschlupfer schmecken auch hervorragend mit Birnen und Kirsch- statt Erdbeer-Marmelade!

★★★ VORBEREITUNG: 1½ STD.   BACKZEIT: 30–40 MIN.   PORTION: 8 PERSONEN ★★★

VRISCHKÄSE-TORTE

Die sommerlich-frische Verführung

BISKUIT BODEN

250 g Weizenmehl
10 g Natron
Salz
3 EL Maismehl
1 Päckchen Backpulver
200 g Zucker
Zitronenschale, frisch gerieben
400 ml Sojamilch natur
4 EL Sonnenblumenöl

CREME

450 g veganer Frischkäse „Vhiladelphia"
Zitronensaft, frisch gepresst
10 EL Puderzucker
1 TL Agar-Agar-Pulver
200 ml Sojasahne, aufschlagbar
2 Päckchen Vanillezucker
2 Päckchen Sahnesteif
1 Glas Schattenmorellen
1 Päckchen veganer Tortenguss rot

AUSSERDEM

Mandelspalten zur Dekoration

❶ Für den Biskuitboden alle trockenen Zutaten in einer Rührschüssel mischen. Sonnenblumenöl grob unterrühren und Sojamilch hinzufügen, mit dem Handrührgerät zu einem glatten, gleichmäßigen Teig rühren.

❷ Den Boden einer Springform mit Backpapier auslegen oder mit Margarine bepinseln und einmehlen. Die Biskuitteigmasse gleichmäßig in der Form verstreichen und bei 180 °C im vorgeheizten Backofen ca. 30–40 Min. backen.

❸ Für die Vhiladelphia-Creme den veganen Frischkäse in eine Rührschüssel geben und mit dem frisch gepressten Saft einer halben Zitrone und dem Puderzucker cremig rühren.

❹ Den Saft der anderen Zitronenhälfte mit 150 ml kaltem Wasser in einen kleinen Topf geben, Agar-Agar Pulver in die kalte Flüssigkeit einrühren und aufkochen. Unter ständigem Rühren ca. 1 Min. bei mittlerer Hitze köcheln lassen, dann vom Herd nehmen und unter gelegentlichem Umrühren ein paar Minuten abkühlen lassen. Die abgekühlte Agar-Agar-Masse langsam unter die Vhiladelphia-Creme heben und für 20 Min. im Kühlschrank kalt stellen.

❺ Sojasahne mit Vanillezucker und Sahnesteif steif schlagen, beiseitestellen.

❻ Schattenmorellen aus dem Glas in einem Sieb gründlich abtropfen lassen, dabei den Fruchtsaft auffangen und beiseitestellen.

❼ Abgekühlte Vhiladelphia-Creme auf dem Tortenboden in der Springform verteilen.
Abgetropfte Kirschen gleichmäßig auf der Creme über die ganze Tortenfläche verteilen und leicht hieindrücken. Kirschenbelag mit ¾ der geschlagenen Sojasahne bedecken und die Sahneoberfläche glatt streichen.
Restliche Sahne für die Dekoration kalt stellen.

❽ 250 ml vom Kirschsaft abmessen und veganen Tortenguss in einer Tasse mit 3–4 EL vom kalten Saft glatt rühren. Restlichen Saft in einen kleinen Topf geben, angerührten Tortenguss untermischen und zusammen 2–3 Min. unter Rühren aufkochen. Von der Kochstelle nehmen und 5 Min. abkühlen lassen, gelegentlich umrühren. Den noch heißen Guss langsam auf die Sahneoberfläche der Torte in der Springform gießen (der heiße Guß mischt sich mit der Sahne, was einen schön marmorierten Effekt ergibt).
Torte im Kühlschrank mindestens 4 Stunden, am besten aber über Nacht kalt stellen.

Vor dem Servieren Torte aus der Springform lösen, die Seiten mit der übrigen geschlagenen Sahne bestreichen und mit Mandelspalten dekorieren.

Vegane Ernährung ist sprichwörtlich in aller Munde und längst in der Mitte der Gesellschaft angekommen. Noch nie war es so einfach wie heute, tierische Lebensmittel durch ein überall leicht verfügbares, breites Sortiment rein pflanzlicher Produkte zu ersetzen. Als Konsumenten können wir uns direkt am Supermarktregal für pflanzliche Alternativen entscheiden, können ohne Mehraufwand zu tierleidfreien Produkten greifen – sie sind nur einen Handgriff weit vom gewohnten Produkt entfernt!

Vegan zu leben ist nicht mehr exotisch: für jeden Geschmack gibt es das passende Produkt, man muss nur probieren, um seine Favoriten zu finden!

Aber nicht nur die Produktvielfalt ist mit dem gewachsenen Interesse an einer veganen Lebensweise größer geworden, auch die Qualität veganer Waren ist gestiegen, und so gibt es heute eigentlich keine liebgewonnene Leibspeise mehr, die sich nicht ebenso lecker auf Basis veganer Zutaten zubereiten ließe. Und dies natürlich ohne geschmackliche Einbußen, ganz im Gegenteil: pflanzliche Zutaten bieten vielfach große Vorteile im Geschmack, bei der Zubereitung oder auch in der Haltbarkeit.

KLEINE WARENKUNDE

PFLANZLICHE ALTERNATIVPRODUKTE IM ÜBERBLICK: EIN KLEINER AUSFLUG IN DIE VEGAN AUSGESTATTETE KÜCHE MIT IHREN GÄNGIGSTEN UND AM HÄUFIGSTEN VERWENDETEN REIN PFLANZLICHEN ALTERNATIVEN, DEREN BESONDERHEITEN UND VORZÜGEN.

TOFU, TEMPEH & SEITAN

Abwechslung auf dem veganen Speiseplan!

Tofu, Tempeh und Seitan sind nicht nur die beliebtesten Klassiker der veganen Küche, sie sind als vegane Fleischalternativen sowohl vielfältig einsetzbar wie auch wichtig für eine ausgewogene Ernährung.

Egal, ob man diese rein pflanzlichen Spezialitäten brät, grillt oder mariniert, für fast jedes »fleischige« Gericht gibt es eine passende pflanzliche Alternative.

Viele Menschen, die kein Fleisch mehr essen wollen oder aus gesundheitlichen Gründen darauf verzichten müssen, sind von der Vielseitigkeit dieser Pflanzenprodukte begeistert.

Tofu Natur ist die ideale Grundlage für vegane Speisen aller Art, ganz nach Wunsch kann er pikant oder auch süß verarbeitet werden. Da er neutral im Geschmack ist, sollte man ihn marinieren oder stark würzen. Gebraten, gegrillt oder püriert in Füllungen ist Natur-Tofu in der veganen Küche vielseitig einsetzbar.

Tempeh ist ein vollwertiges, fermentiertes Sojaprodukt und ein sehr universelles Nahrungsmittel. Er wird aus ganzen, gekochten gelben Sojabohnen hergestellt und hat einen leicht nussigen Geschmack und Biss. Man kann ihn roh verwenden, beispielsweise zu Pfannengerichten hinzugeben, in die Suppe oder über Salate bröseln. In Scheiben geschnitten kann man ihn dämpfen oder braten. Tempeh mit Kokosmilch oder Sojasahne zubereitet hat einen besonders raffinierten Geschmack.

Seidentofu wird im Gegensatz zu Natur-Tofu nach der Herstellung nicht gepresst und hat so einen sehr hohen Feuchtigkeitsgehalt. Daher eignet er sich ausgezeichnet zur Verwendung als Zutat für Cremes und andere Süßspeisen, macht sich aber auch sehr gut als Ersatz für gestockte Eier, z.B. in Moussaka.

Geräucherter Seidentofu wird – auf Tee geräuchert, lecker gewürzt und schonend zubereitet – in asiatischen Ländern als Ersatz für Hähnchen verwendet.
Die Struktur und auch der Geschmack, verbunden mit der Optik, erinnert stark an Hähnchenfleisch. Kreativ zubereitet ist er eine echte Delikatesse.

Die vegane Produktpalette reicht von diversen Wurstsorten und Aufschnitten über Speck-Alternativen bis hin zu Braten und Fisch-Ersatzprodukten auf Tofu-, Soja- oder Seitanbasis – alle garantiert rein pflanzlich. Das große Angebot lässt beinahe keine Wünsche bei der »Veganisierung« von Fleisch- und Fischgerichten offen. Durch geschickte Würzung und eine faserige Textur wird das jeweilige tierische Pendant täuschend echt nachgeahmt.

WAS IST SEITAN?

Seitan ist ein beliebter Fleischersatz aus Weizengluten und zeichnet sich durch einen deftigen Geschmack und vielfältige Verwendungsmöglichkeiten aus. Schon seit hunderten von Jahren wird in Asien Seitan aus Weizenmehl hergestellt. Dabei wird Weizenmehl durch Auswaschen in seine Bestandteile Stärke und Gluten (Weizenkleber) getrennt.

Seitan-Fix ist ein Instantprodukt aus reinem Weizengluten.
Um Seitan selbst zu machen, muss es nur mit Wasser angerührt und dann geknetet werden. Er wird dann in einem Gemisch aus Wasser, Sojasauce, Gewürzen und/oder Meeresalgen gekocht. So erhält Seitan seine fleischähnliche Konsistenz. Je nach Feuchtigkeitsgehalt ist er lockerer oder faseriger.

einfach Selbstgemacht!

Seitan-Fix mit Wasser mischen und gut kneten. Die Masse je nach Belieben zu Scheiben, Schnetzel, Würfel etc. schneiden und 20 Minuten in stark kochenden Sud geben. Danach entsprechend weiterverarbeiten zu Schnitzel, Steaks, Gulasch usw.

Tempeh
traditionelles Fermentationsprodukt aus Indonesien

Tempeh geräuchert
erhältlich in diversen Geschmacksrichtungen

Tofu Natur
Produkt aus Sojabohnenteig

Tofu geräuchert
erhältlich mit diversen flavours, z.B. mit Kräutern, getrockneten Tomaten oder Nüssen

WIE WERDEN SOJA SCHNETZEL HERGESTELLT?

Sojabohnen werden gemahlen und in mehreren Pressgängen bis knapp unter 5 % Rest-Fettgehalt ausgepresst. Das entfettete Sojamehl wird nun in einem Extruder zu seiner fleischähnlichen Form und Beschaffenheit extrudiert, das heißt »aufgepoppt«, ähnlich wie Cornflakes.

Diese hochwertigen, rein pflanzlichen Produkte sind ungekühlt mindestens ein Jahr oder länger haltbar. Ein weiterer großer Vorteil liegt in der Verarbeitung: beim Braten und Grillen kann allein die Optik entscheiden – anders als bei Fleisch muss bei Verarbeitung nicht darauf geachtet werden, ob das Produkt im Innern roh ist. Die Konsistenzgebung geschieht im Vorfeld durch Einlegen und Marinieren, sodass nur noch auf die gewünschte Zartheit oder Knusprigkeit beim Braten geachtet werden muss.

Trockenprodukte – kreative Vielfalt!

Bester Geschmack, wertvolle Inhalte, lange Haltbarkeit, einfache Lagerung und Zubereitung, einfach toll!

- Vitamin A, B1, B2, E und Folsäure, Mineralstoffe Calcium, Magnesium, Lezithin
- hochwertiges pflanzliches Eiweiß mit allen essentiellen Aminosäuren
- wertvolle Isoflavone, Ballaststoffe und Spurenelemente
- ungekühlt im Vorratsschrank mind. 18 Monate haltbar
- rein pflanzlich, vegan, glutenfrei, cholesterinfrei
- mehrfach ungesättigte Fettsäuren

ENERGIESPENDER

WIE WERDEN SOJA SCHNETZEL & CO VERWENDET?

Durch ihre fleischartige Beschaffenheit können Soja-Schnetzel, -Würfel oder -Granulat in vielfältiger Form Fleisch ersetzen, in verschiedensten Pfannengerichten, Eintopfgerichten und Suppen oder auch auf knackigem Salat.
Sogenannte Soja-BigSteaks eignen sich hervorragend zur Herstellung von z.B. Schnitzel, Barbecue-Steaks, Cordon Bleu oder Rouladen. Soja-Medaillons sind ideal einsetzbar für Pfannengerichte und Canapés, vegane Steaks, Nuggets, Schaschlik und mehr.
Ein großes Plus beim Kochen mit texturiertem Sojaprotein ist, das die Produkte auch für ungeübte Köche stets in gleichbleibend guter Qualität verarbeitet werden können.

WIE WERDEN SOJA SCHNETZEL ZUBEREITET?

Je nach Verwendungszweck werden die Stücke einige Minuten in heisser Gemüsebrühe eingeweicht und leicht ausgedrückt. Dann können sie nach Geschmack gewürzt, mariniert oder angebraten und beliebig weiterverarbeitet werden zu Geschnetzeltem, Ragout, Roulladen u.v.m.

ALTERNATIVEN ZU MILCHPRODUKTEN

Wie ersetzt man Butter, Sahne & Co?

Milch- und Milchprodukte in der veganen Küche durch pflanzliche Alternativen aus Soja, Hafer, Dinkel oder Reis zu ersetzen, ist eine leichte Übung, da in den letzten Jahren die Hersteller verstärkt auf die steigende Nachfrage reagieren und immer mehr und neue leckere Produkte auf den Markt bringen. Diese Produkte lassen sich ganz einfach bei der Veganisierung von Gerichten einsetzen (die Mengenangaben im Rezept bleiben gleich) und sind außerdem leicht zu bekommen: im Bioladen, im Onlinehandel, in Supermärkten und sogar bei einigen Discountern.

Es gibt nicht nur eine große Auswahl an verschiedenen Sorten, sondern auch geschmackliche Unterschiede innerhalb einer Produktfamilie durch die verschiedenen Rezepturen der zahlreichen Marken und Produzenten.
Diese große Palette an veganen Milch-Alternativen sollte unbedingt, im wahrsten Sinne, ausgekostet werden – so findet sich für jeden Geschmack der passende Lieblings-Drink oder Soja-Joghurt! Laut Gesetz darf übrigens beispielsweise »Sojamilch« nicht so heißen – Soja-Drink ist die offizielle Bezeichnung.

Sojamilch ist der Klassiker unter den Milch-Alternativen. Es gibt sie in mannigfaltigster Qualität, mit oder ohne Kalzium, sowohl gesüßt als auch ungesüßt und in geprüfter Bio-Qualität. Diverse Flavours runden die Produkt-Vielfalt ab: mit Sojamilch der Geschmacksrichtung Vanille und Schokolade lassen sich köstliche Desserts und Cremes zubereiten!

Zur Herstellung von veganer Mayonnaise eignet sich eine qualitativ hochwertige, ungesüßte Sojamilch besonders gut.

Reismilch ist etwas wässriger in ihrer Konsistenz und hat einen neutralen und unaufdringlichen Geschmack.
Aufgrund ihres geringen Fettanteils bindet Reismilch Stärkehaltiges nicht optimal. Sie ist daher zur Herstellung von Puddings, Cremes oder veganer Mayonnaise weniger gut geeignet.

Hafer- und Dinkelmilch haben einen intensiven Getreidegeschmack und machen sich gut zu Cerealien, im Frühstücksmüsli, in Fruchtshakes oder auch zum Verfeinern von Saucen.

Mandelmilch, Haselnuss- und Macadamia-Milch bestechen durch einen cremigen Geschmack. Die feine, nussige Note macht sich besonders gut bei Verwendung als Zutat in Gebäck und Desserts – und sie schmeckt auch im Kaffee oder pur lecker.

Kokosmilch eignet sich sehr gut zum Kochen und Backen sowie zur Herstellung von Desserts.

KÄSEALTERNATIVEN

Der Markt bietet viele pflanzliche Alternativen zu schnittfestem Käse. Ob im Block oder in Scheiben, gerieben zum Überbacken oder als streufertiger »Parmesan« – je nach Vorliebe kann man sie als Brotbelag oder für Burger verwenden, als Pizzakäse, Gratin-Topping und sogar für Raclette. Oder man genießt den »Käse« pur zusammen mit Trauben bei einem Glas Rotwein am Abend.
Wichtig ist es, verschiedene Marken und Produkte auszuprobieren, denn gerade beim veganen Käse gilt: Welcher Hersteller mit seinem Produkt den persönlichen Geschmack trifft, muss jeder selbst entscheiden.

einfach Selbstgemacht!

Mandel- und Nussmilch kann mit ein wenig Aufwand ganz einfach selbst hergestellt werden – zahlreiche Anleitungen und Tipps dazu findet man im Internet, z.B. unter vegane-beratung.com oder vegantwo.de/mandelmilch

Alles Zartbitter oder was?

Auch Fans von zartschmelzender heller Schokolade kommen vegan auf ihre Kosten – in diversen Flavours und sogar als köstliche Pralinées. Nougat und weiße Schokolade sind diese Leckereien eine echte Alternative zu Zartbitterschokolade!

PRAKTISCHES FÜR UNTERWEGS

Was tun, wenn Cafés und Bistros keine veganen Alternativen zu Kuhmilch anbieten – muss man als Veganer dann seinen Kaffee schwarz trinken oder ganz verzichten?
Nein, denn für unterwegs gibt es rein pflanzlichen Kaffeeweisser für cremigen Heißgetränkegenuss! Das leicht lösliche Pulver sorgt in Kaffee und Tee für einen angenehm mild-süßlichen Geschmack und verleiht diesem eine ansprechende Optik. Ideal für's Büro, die Mensa oder auf Reisen.
Bis hoffentlich bald in allen Cafés, Restaurants und Kantinen pflanzliche Alternativen etabliert sind, lohnt es sich, konsequent bei jedem Besuch danach zu fragen – viele Gastgeber erweitern ihr Angebot gerne, wenn Nachfrage besteht!

veganer Frischkäse
natur oder mit Kräutern

Kräuter- und Knoblauchbutter

Margarine
weich oder schnittfest

SAHNE-ALTERNATIVEN

Ob zum Verfeinern von Saucen und Mahlzeiten, als Basis für Creme- und Sahnetorten oder einfach als Sahnehäubchen auf einem Stück Kuchen – Sahnealternativen gibt es viele:
Es gibt Pflanzensahne auf Soja- oder Haferbasis, Reis- Mandel- oder auch Kokossahne. Im Bio- und Onlinehandel, inzwischen aber auch vermehrt in gut sortierten Supermärkten sind diese Sahnealternativen erhältlich. Für den schnellen Genuss gibt es pflanzliche Sahne sogar sprühfertig aus der Sprühdose!

Welches Produkt zum Kochen und Backen Verwendung findet, ist letztendlich eine Sache des persönlichen Geschmacks. Manche Produkte haben einen dezenteren Eigengeschmack als andere und eignen sich daher besser zum Kochen. Für steif aufschlagbare Sahne empfiehlt es sich, ein qualitativ hochwertiges Produkt aus dem Fachhandel zu verwenden.

Soja-Joghurt
natur oder mit Früchten

Schokolade
aus Reismilch oder Soja

Mayonnaise, Sourcreme & Co

BROTAUFSTRICHE, DIPS & CO

MARGARINE

Nicht jede Margarine ist rein pflanzlich – manche beinhalten auch tierische Zutaten. Leider reicht hier oft ein Blick auf die Zutatenliste nicht aus, um versteckte Inhaltsstoffe wie Aromen oder zugesetzte Vitamine tierischen Ursprungs zu identifizieren. Daher sollte man sich unbedingt vor dem Einkauf zum Produkt informieren oder im veganen Fachhandel kaufen. Einfach ist es, wenn das Produkt ein Vegan-Siegel trägt.
Die vegane Entsprechung zu herkömmlicher Butter hat vergleichbare Konsistenz und Produkteigenschaften, wegen ihres butterähnlichen Geschmacks und ihrer Festigkeit eignet sie sich ausgezeichnet zum Backen und Kochen und ist mittlerweile in vielen Bio- und Supermärkten erhältlich.

VEGANER FRISCHKÄSE

Veganer Frischkäse ist im Bio- und Onlinehandel erhältlich oder kann ganz einfach aus Soja-Joghurt selbst hergestellt und nach Belieben mit Gewürzen, knackigem frischen Gemüse und Kräutern verfeinert werden.
Auch Sourcream und sogar rein pflanzlichen Sauerrahm bietet die vegane Produktpalette. So lassen sich schnell und bequem feine Dessert- und Tortencremes sowie herzhafte Saucen und Dips herstellen.

BACKEN OHNE EI & CO - GEHT DAS?

Es ist noch kein Meister vom Himmel gefallen

Eier erfüllen eine wichtige Aufgabe in Rezepten. Je nach Menge und Verwendungsart helfen sie, Biskuitkuchen luftig leicht zu machen, Mürbteige zu binden oder Cremefüllungen schaumig und zart gelingen zu lassen. Kann also veganes Backen ohne Eier oder Gelatine, überhaupt gelingen?

Die Antwort lautet: Ja, und zwar ausgezeichnet!

Noch vor 50 Jahren etwa wussten sich Hausfrauen beim Backen diverser Hilfsmittelchen zu bedienen, wenn keine Eier im Haus waren. Aufgrund der ständigen Verfügbarkeit aller Waren in unserer heutigen Gesellschaft scheint in Vergessenheit geraten zu sein, was ehemals im Bewusstsein und in täglichem Gebrauch war. Nichts ist einfacher, als bestimmte Zutaten durch andere zu ersetzen und damit Leckeres zu zaubern!
Manche Kuchen-Rezepte kommen von Haus aus völlig ohne die Zutat Ei aus, andere lassen sich durch geschickte Rezept-Modifizierung ganz leicht veganisieren.

Heute stehen uns nicht mehr länger nur altbewährte Ersatz-Zutaten aus der Speisekammer zur Verfügung, sondern eine stetig wachsende Produktpalette an praktischen Helferlein bei der Veganisierung von Speisen und Backwaren. So gibt es mittlerweile sogar Äquivalente zu steif aufschlagbarem Eiklar, zu Eigelb und Vollei. Das bietet der veganen Bäckerei immer mehr und bessere Möglichkeiten.

Und vergessen wir eines nicht, mit der veganen Backerei verhält es sich nicht anders als in der etablierten:
nicht jedes neue Back-Experiment gelingt auf Anhieb nach Wunsch – durch Ausprobieren sammeln wir Küchenerfahrung, lernen da-zu und verbessern das Ergebnis. Macht man sich dies bewusst, so zerplatzt das Vorurteil, veganes Backen könne nicht ebenso schmackhaft gelingen, wie eine Seifenblase.

Kreative Ideen und Spaß am Backen sind also die wichtigsten und die einzigen nicht ersetzbaren Zutaten in der veganen Zuckerbäckerei!

SÜSSEN OHNE HONIG

Manche Backrezepte verwenden Bienenhonig als Zutat, aber auch zum Süßen von Tees und Kaltgetränken oder als süßer Brotbelag wird er geschätzt. Dabei gibt es zahlreiche vegane Alternativen zum Honig, die in Geschmack und Konsistenz ebenso gut und lecker wie zweckdienlich sind.
So ist Agavendicksaft bzw. -sirup aufgrund seiner unaufdringlichen Süße optimal geeignet zum Backen, zum Süßen von Desserts und er gibt Salatdressings den gewissen Kick.

Auch hochwertiger Ahornsirup lässt sich mit seinem intensiven Geschmack für viele Rezepte einsetzen. Und als Aufstrich auf's Brot schmeckt selbstgemachter Löwenzahnsirup sehr fein.

Löwenzahn-Sirup

Löwenzahnblüten blühen im April / Mai - der Sirup kann auf Vorrat gekocht werden und hält sich einige Monate frisch im Einmachglas!
Als süßer Brotaufstrich oder zum Süßen von Müsli & Co schmeckt Löwenzahnhonig einfach köstlich!

Rezepte gibt es im Internet, z.B. bei www.utopia.de

Vegane Zuckerbäckerei

Kichererbsen
püriert ersetzen 2 EL 1 Ei

Sojamehl & Maismehl

Marmelade
1 EL ersetzt 1 Ei

Banane
püriert ersetzt 1 Banane 2 Eier

Fruchtmus
1 EL Mus ersetzt 1 Ei

Agar-Agar
pflanzliches Geliermittel

KLEINE HELFER: EI-ERSATZ-PULVER

Ei-Ersatzpulver ist ein Produkt mit vielfältigen Verwendungsmöglichkeiten: das stärkehaltige Pulver lässt Füllungen und Saucen, Biskuit und Gebäck sowie viele andere auf Ei basierende Gerichte gelingen. Auch eignet es sich hervorragend zum Panieren. Mit Wasser kann das Pulver schaumig aufgeschlagen und dann wie Eischnee verwendet werden.
Auf dem Markt sind inzwischen diverse Produkte zum Ersetzen von Eiern in Speisen und Backwaren, mit spezialisierten Eigenschaften, je nach Verwendungszweck. Da es herstellbedingte Unterschiede in der Anwendung gibt, gilt es die Angaben auf der Packung beachten.

GELIERMITTEL OHNE GELATINE

Agar-Agar wird aus Meeresalgen gewonnen und ist eine rein pflanzliche Alternative zu Gelatine, die ja tierischen Ursprungs ist und oft zum Festigen von Puddings, Gelees und Cremes verwendet wird. Mit Agar-Agar gelingen auch wunderbar fruchtig leckere Tortengüsse für Torten und Obstkuchen. Tortenguss auf Agar-Agar-Basis in klar und rot kann man in praktischen Portionstütchen kaufen.
Zum Ersatz von Gelatine in Rezepten gilt die Faustregel:
10 g Agar-Agar Pulver (ca. 6 gestr. EL) auf 500 ml Flüssigkeit entspricht etwa 6 Blatt Gelatine. Zu beachten ist, das Agar-Agar, im Gegensatz zu Gelatine, erst beim Erkalten fest wird.

SO GELINGEN BISKUITS, CREMES & CO

In Backrezepten können Hühnereier ganz leicht durch die geschmacklich am besten passende Alternative ersetzt werden: Rezepte mit bis zu 3 Eiern lassen sich so leicht veganisieren.

Binden von Mürbteig: Eier im Rezept können durch Fruchtmarmelade ersetzt werden. Beim Veganisieren von Rezepten entsprechend darauf achten, die angegebene Zuckermenge zu reduzieren, da der entsprechende Ei-Ersatz schon von Haus aus Süße mitbringt.

Palatschinken: Erfahrungsgemäß gelingen hauchzarte Palatschinken am besten ganz ohne Ei-Ersatz (s. Rezept S. 127) – die Kohlensäure im beigefügten Mineralwasser sorgt für ausreichende Luftigkeit. Wir empfehlen daher, bei Pfannkuchenteig auf die Zugabe von Backpulver als Ei-Ersatz zu verzichten, da dies unangenehm herausschmeckt.

Muffins, Cupcakes und Cookies: Pürierte Bananen binden den Teig sehr gut und machen sich geschmacklich gut in Rührkuchen-Rezepten.

Pikante Speisen: Mit etwas Flüssigkeit fein pürierte, eingelegte Kichererbsen eignen sich hervorragend zum Binden z.B. von Bratlingen und veganen Hackbällchen (s. Rezepte S. 33, S. 49).

REGISTER

Agar-Agar 143, 151
Ajvar 25
Apfel 93, 103, 115, 117
Apfel-Paprika-Gulasch
   mit Backofen-Kartoffeln 93
Apfel-Pite 115
Apfelrosen 117
Aubergine 13, 27, 101, 105
Beschwipste Krapfen 139
Blätterteig 117, 131
Bohnen 57, 67
Bolognese 85, 109
Curry-Karottensuppe 45
Dampfnudeln 125
Ei-Ersatz-Pulver 17, 105, 115, 123, 125,
   133, 135, 137, 151
Ente à l'Orange 107
Fischersuppe 73
Französischer Gemüsesalat 31
Frischkäse, vegan 121, 143, 149
Frittatensuppe
   mit Gartenkresse-Pfannkuchen 51

Frühlingshörnchen 17
Gefüllte Kohlrabi 49
Gefüllte Paprika
   in fruchtiger Tomatensauce 71
Gelbe-Paprika Süppchen
   mit Chili-Crostini 63
Gemüse-Fritten 25
Gemüsesalat 31
Gewürz-Pogatschen 11
Griechischer Bohnen-Eintopf
   mit feiner Nudeleinlage 67
Gröstl-Pfanne 79
Gulasch-Suppe
   mit gezupften Nudeln 53
Hackbällchen mit Erdnuss-Dip
   mit Rote-Beete-Knusperchips 33
Hefeteig 11, 15, 17, 21, 29, 37, 41,
   125, 135, 137, 139
Jamaica-Rolle 113
Kakao 113, 119, 123
Karotten 19, 25, 31, 33, 37, 45, 53,
   59, 67, 73

Kartoffel-Durcheinander
  mit Rote-Bete-Meerrettich-Salat 91
Kartoffelknödel-Rolle
  an Feldsalat und Kirschtomaten 109
Kartoffeln 11, 31, 45, 53, 61, 91, 93,
  103, 109
Kartoffelsuppe
  mit Kürbiskernen und Petersilie 61
Käse, vegan 65, 99, 101, 148
Kirschen 125, 143
Klausenburger Kraut 89
Knoblauch-Cremesuppe
  mit Pinienkern-Pesto 55
Knoblauch-Langos
  mit Grillzwiebelsalat 15
Knoblauch-Pilze mit Ajvar
  und Knuspergemüse-Fritten 25
Kokos 113, 119
Kokoswürfel 119
Kümmelsuppe
  mit Knusper-Crôutons 47

Langos 15
Lauch 65
Laugensemmeln 37
Letscho
  mit Kräuterseitlingen & Zuckerschoten 81
Maccheroni-Kuchen 99
Mandeln 69, 115, 123, 131
Mandel-Tarte 123
Marmorbrot
  mit mediterraner Paprika-Füllung 41
Mayonnaise, vegan 23, 31, 37, 149
Meerrettich 91, 103
Moussaka 101
Nudeln 37, 53, 67, 87, 99
Nudelsalat 37

REGISTER

REGISTER

Nussbrezen 131
Nüsse 19, 131, 135, 137
Nusshörnchen 135
Orangen 107, 129
Palatschinken 51, 127
Palatschinken überbacken
  mit Dillcreme-Füllung 127
Panierte Auberginen
  mit Risi-Bisi-Tomaten 105
Paprika 13, 25, 41, 63, 71, 81, 93
Paprikasch 83
Party-Nudelsalat
  mit Mini-Laugensemmeln 37
Pfirsich-Blaubeer-Crunch 121
Pilze 25, 81, 95
Polenta 85, 97
Polenta-Lasagne 85
Quark-Nockerl
  mit Waldbeer-Sauce 133
Räucherbohnen-Eintopf
  mit Soja-Filets 57
Reis 49, 59, 71, 75, 81, 89, 105

Rhabarber-Ofenschlupfer 141
Rote Bete 33, 91
Safran-Mandelsuppe
  mit Chili-Croûtons 69
Salata de Vinete 27
Saltimbocca auf Polenta-Talern 97
Sauerkraut 59, 89
Sauerkrautsuppe mit Bratwürsten 59
Sauerrahm, vegan 11, 19, 49, 57, 59, 71, 83,
  89, 99, 121, 127
Schichtsalat 19
Schweizer Lauchsuppe 65
Serviettenknödel
  mit Rahm-Pfifferlingen 95
Softcakes 129
Soja-Granulat 33, 49, 71, 85, 89, 101, 109
Soja-Joghurt 17, 19, 21, 61, 75, 93, 97,
  127, 133, 149
Soja-Medaillons 97, 103
Soja-Sahne 11, 17, 21, 55, 65, 85, 95,
  113, 115, 121, 141, 143, 149
Soja-Würfel 53

Spaghetti Amore
  mit feuriger Veggie-Chorizo 87
Spargel im Brotmantel
  mit feiner Petersilien-Vinaigrette 29
Spargelsalat 35
Spinat-Pizzetti 21
Stachelbeer-Kaltschale 75
Tafelspitz mit Apfelkren
  und Herzogin-Kartoffeln 103
Tofu 35, 95, 101, 149
Vanille-Dampfnudeln 125
Vrischkäse Torte 143
Vitello Tonnato 23
Wespennest 137
Würstchen, vegane 59, 61, 79, 87
Zakuzska 13
Zucchini-Guacamole 39

REGISTER

WIR WÜNSCHEN VIEL FREUDE BEIM KOCHEN
UND EINEN GUTEN APPETIT!

VEGGIE SHOPPING

Lebensmittel, Kosmetik, Tiernahrung, Lifestyle-Produkte und vieles mehr...

- 100 % VEGANES SORTIMENT
- GRATIS VERSAND AB 49 EUR (D)
- KLIMAFREUNDLICHE LIEFERUNG
- ÜBER 30.000 POSITIVE BEWERTUNGEN
- UMFANGREICHER ALLERGIEFILTER
- KEIN MINDESTBESTELLWERT

WWW.ALLES-VEGETARISCH.DE

alles-Vegetarisch.de
Der Nr. 1 Shop für rein pflanzliche Spezialitäten

Vegetarische und vegane Küche seit 1997
Der Ventil Verlag präsentiert: edition KOCHEN OHNE KNOCHEN

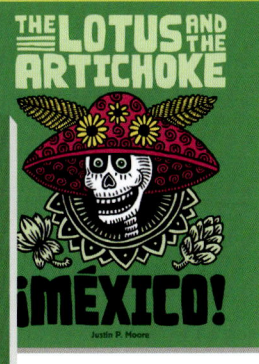

Uschi Herzer & Joachim Hiller
Das Ox-Kochbuch 5
Kochen ohne Knochen – Mehr als 200 vegane Punk-Rezepte

Die jüngste Ausgabe der beliebten Ox-Kochbuch-Reihe – diesmal rein vegan.

192 S. • farbig • € 9,90 (D)

Patrick Bolk (Hg.)
Ab heute vegan
So klappt dein Umstieg. Ein Wegweiser durch den veganen Alltag

Kompakt und trotzdem umfassend: alle wichtigen Infos zu Gesundheit und Ernährung, Kochen und Backen, Einkaufen, Urlaub und Reise, Kleidung, Kosmetik, Umgang mit Freunden und Familie und vieles mehr.

144 S. • farbig • € 12,90 (D)

Justin P. Moore
The Lotus and the Artichoke
Vegane Rezepte eines Weltreisenden

Ein Streifzug durch exotische kulinarische Welten. Über 100 vegane Rezepte, inspiriert von jahrelangen Reisen und Abenteuern in über 40 Ländern!

216 S. • farbig • € 19,90 (D)

Justin P. Moore
The Lotus and the Artichoke – Mexico!
Eine vegane Entdeckungsreise

Entdecken Sie Klassiker wie Tacos, Tostada und Tamale neu. Erleben Sie Mexiko als Land spektakulärer Suppen und Salsas, raffinierter Salate, verführerischer Süßigkeiten und belebender Saft-Cocktails.

Ab Okt. 2014 • Ca. 128 S. • farbig • ca. € 14,– (D)

Chris Cooney / Jon Tedd
The Vegan Zombie
Koche & überlebe!

Auch so geht vegan: Stell dir vor, die Welt, in der du lebst, ist von Zombies bevölkert – und nur mit diesen veganen Rezepten hast du eine Chance, dein Leben auf eine sowohl intelligente als auch überaus leckere Weise zu retten! Mit einleitendem Zombie-Comic.

180 S. • farbig • € 19,90 (D)

Bernd Drosihn
Tofu
Vom skurrilen Kampf um ein unscheinbares Weltnahrungsmittel

Von den Do-it-yourself-Anfängen in Zeiten der ausklingenden Hippiebewegung bis hin zur Professionalisierung: Bernd Drosihn, aktiver Tofuerzeuger, erzählt seine ganz eigene »Tofugrafie«.

160 Seiten • € 12,90 (D)

IMPRESSUM

Sophie Mathisz, 2014
www.vegane-lieblingskueche.de
facebook.com/veganelieblingskueche

In Zusammenarbeit und mit freundlicher Unterstützung von

Alle Rechte vorbehalten. Die Verwertung der Texte und Bilder, auch auszugsweise, ist nur mit ausdrücklicher Genehmigung der Rechtinhaber erlaubt. Dies gilt auch für Vervielfältigungen, Übersetzungen, Mikroverfilmung und für Abdruck oder Verbreitung durch elektronische Systeme. Hinweis: Die Benutzung dieses Buches und die Umsetzung der darin enthaltenen Informationen und Ratschläge erfolgt ausdrücklich auf eigene Verantwortung. Alle Angaben und Hinweise im Buch wurden von Autor und Verlag gewissenhaft geprüft. Eine Haftung des Autors bzw. des Verlags und seiner Beauftragten für Personen-, Sach- und Vermögensschäden ist ausgeschlossen.

1. Auflage 2014

© für diese Ausgabe Ventil Verlag UG (haftungsbeschränkt) & Co. KG
Edition Kochen ohne Knochen
ISBN 978-3-95575-028-2

Redaktion: Sophie Mathisz
Gesamtgestaltung und Satz: www.malyma.de
Lektorat: Joachim Hiller, Uschi Herzer, Ute Borchardt
Druck und Bindung: fgb, Freiburg

Fotografie & Fooddesign: Marcus Maly

Ventil Verlag
Boppstr. 25
55118 Mainz
www.ventil-verlag.de